L'enfant à l'étoile jaune

ISBN : 2-7459-0249-0

Armand Toupet

L'enfant à l'étoile jaune

MILAN POCHE

1

Le vieil autocar venant de Berlin roulait lentement, grinçant à chaque cahot et geignant dans toutes ses entournures. C'est qu'il ne datait pas d'hier comme l'attestaient les éraflures et les bosses de sa carrosserie, comme le prouvaient les difficiles reprises de son moteur dès que la route présentait une côte un peu raide. Deux ans plus tôt, il avait pris sa retraite après de longs et loyaux services et ses propriétaires l'avaient remisé sous un hangar. Heureusement, ils ne l'avaient pas voué à la destruction. Un autre, plus moderne, plus confortable, avait pris sa succession mais l'armée l'avait un jour jugé apte à remplir des fonctions plus nobles. Elle l'avait peint de vert et de gris puis elle l'avait envoyé sur le front russe où de valeureux soldats allaient remplacer les paisibles voyageurs.

Frida regardait défiler le paysage avec un plaisir évident. Elle aimait les grandes forêts de sapins et de pins dont certains étendaient leurs longs bras torturés au-dessus de la route comme s'ils voulaient se saisir des passants ; elle prenait plaisir à laisser courir ses yeux à la surface des nombreux lacs et étangs qui apparaissaient aux détours de la route. Pourtant elle connaissait depuis longtemps tous les charmes de cette belle région située à l'est de la capitale allemande et que l'on nommait « la Petite Suisse ». Elle n'en ignorait aucun détail car elle y était née dix-huit années plus tôt et elle ne l'avait jamais quittée.

Zieversdorf était son village : un gros bourg de cinq cents âmes niché au creux d'un vallon et entouré de pins sylvestres et de bouleaux au tronc blanc.

Le chauffeur, un homme rougeaud et bedonnant dont la soixantaine lui épargnait la mobilisation, freina brusquement afin d'éviter un couple de cygnes noirs qui traversait tranquillement le chemin. Hilare, le geste large et le mégot éteint collé à la lèvre inférieure, il se tourna une seconde vers ses passagers pour les prendre à témoin de l'incident. « Pardonnez-moi de la secousse imprévue.» Tous lui répondirent d'un sourire bienveillant et lui surent gré ainsi de ne pas avoir écrasé ou même blessé les merveilleux oiseaux. Ici, on avait le respect de la nature et des animaux sauvages.

Frida les regarda se glisser avec grâce dans les roseaux du lac et peut-être s'en aller retrouver leurs petits qui les attendaient au nid.

Quelques kilomètres plus loin, le chauffeur dut arrêter le car pour prendre un passager qui, planté sur le bord de la route, lui faisait de grands signes. Une fois la porte ouverte, l'homme monta d'un pas décidé.

– *Heil Hitler!* dit-il en levant le bras droit avec ostentation.

– *Heil Hitler!* répondit le chauffeur tout en refermant la porte.

– *Heil Hitler!* dirent Frida ainsi que quelques-uns des passagers.

D'autres ne répondirent pas à ce salut.

La quarantaine pas plus, le cheveu coupé court, le nouveau venu s'avança vers l'intérieur du véhicule tout en cherchant des yeux une place vide. Chaussé de bottes rouges, portant culotte de cheval et veste serrée à la taille par un ceinturon de cuir, il arborait à la bou-

La fille revient d'un rassemblem^t hitlériens.

tonnière l'insigne du parti nazi et paraissait surtout vouloir le montrer à tous.

Frida le vit venir dans sa direction. Il lui demanda avec une courtoisie exagérée s'il pouvait s'asseoir près d'elle.

– Je vous en prie, répondit-elle.

Il s'installa avec précaution, tira sur sa veste, croisa les jambes. Tout sourire, il dévisagea la jeune fille et parut satisfait. Grande, le visage altier mais le regard doux dans de beaux yeux bleus qu'illuminaient, dans une auréole, de longs cheveux blonds, Frida était ce que l'on peut appeler un beau brin de fille.

– Vous venez de Berlin, je vois ?

– Oui.

– J'y étais aussi.

En effet, le matin même, elle avait participé au grand rassemblement de la Jeunesse hitlérienne organisé par le parti à Tiergarten. Là, mêlée à des milliers de garçons et de filles, tous et toutes vêtus de l'uniforme de la *Hitlerjugend*, brassard au bras et brandissant d'innombrables drapeaux à croix gammée, elle avait clamé dans un grand enthousiasme sa confiance inébranlable en Adolf Hitler, leur *Führer* bien aimé, leur dieu qui les avait sauvés de la misère et qui allait les conduire à la victoire finale. *Deutschland über alles*! La grande Allemagne deviendrait la maîtresse du monde, c'était inéluctable. Ils y croyaient tous, elle y croyait autant que tous les autres.

Avec quelle joie, quelle ferveur, quel enthousiasme, ils avaient chanté en chœur leurs hymnes à la gloire du *Reich* et du parti nazi. Que soient maudits aussi leurs ennemis : les Américains, les Soviétiques qui osaient leur résister et surtout les Juifs, ces *Juden* qui avaient été la cause initiale de leurs malheurs anciens !

Sans doute membre influent du parti, l'homme avait participé à la manifestation. Il tenait à lui en parler.

– Grandiose, n'est-ce pas ?

– Oui, merveilleux !

– Et quand le *Führer* est apparu, quelle clameur !

– Inimaginable.

– Vous l'avez vu ?

– Je me trouvais tout près.

On était en juillet 1943. Le deuxième dimanche, pour être plus précis. Depuis quatre ans, l'Allemagne faisait la guerre. Elle avait vaincu la Pologne, la France, envahi l'Autriche, la Grèce, la Yougoslavie, une grande partie de l'Union soviétique et ses soldats se battaient

9 : Pt à Pt les All perdent de la place
Hitler "Solution Finale"

en Afrique. Le drapeau à croix gammée flottait encore victorieusement aux quatre coins du monde.

L'armée allemande avait failli s'installer à Moscou mais le général hiver et les soldats russes l'avaient obligée à reculer. Pour la première fois. Depuis ce jour, les armées hitlériennes ne cessaient de perdre du terrain et la défaite de Stalingrad avait sonné le premier glas.

La grande peur commençait à s'installer dans les esprits. *Der Ivan kommt!* Le Russe arrive!

Il n'était pas encore là, mais le peuple allemand en était terrifié à l'avance. L'Angleterre et l'Amérique faisaient face de plus en plus. En France, comme dans tous les pays occupés, les résistants, les partisans s'organisaient et devenaient audacieux. Dans l'espoir de juguler ces nouveaux adversaires, l'armée, aidée de la sinistre *Gestapo*, multipliait les arrestations, les condamnations à mort ainsi que les déportations dans des camps dont beaucoup ne reviendraient jamais.

De même, la chasse aux Juifs que les nazis accusaient de tous les péchés du monde était plus forte et plus féroce que jamais. Pour en terminer avec eux, Adolf Hitler avait décidé «la solution finale», c'est-à-dire l'élimination totale de tous ces malheureux. Hommes, femmes, enfants devaient disparaître inéluctablement.

Par trains entiers, on les expédiait dans des camps de l'Est où les attendaient les chambres à gaz et les fours crématoires. Aucune déclaration officielle à ce sujet mais, dans le peuple, les gens savaient et en parlaient à voix basse. Certains en étaient horrifiés. Ils se taisaient pourtant de peur d'être accusés de sympathie envers « la race maudite ». D'autres, beaucoup d'autres, approuvaient sans vouloir le dire ouvertement.

Les membres de la Jeunesse hitlérienne, embrigadés et fanatisés dès leur plus jeune âge, ne se posaient aucune question. Toute décision de leur dieu était juste et irréprochable.

Le chauffeur arrêta une nouvelle fois l'autocar. La route traversait une voie ferrée et les barrières du passage à niveau étaient abaissées. Un homme portant l'uniforme de la *Reichsbahn* se tenait debout et faisait manœuvrer un train à l'aide d'un drapeau rouge. On entendait plus loin la locomotive qui haletait.

– Oh, regardez !

Frida tourna aussitôt la tête. Entre deux wagons chargés de grumes de sapins, il s'en trouvait un autre transportant les débris d'un avion. Comme il apparaissait grand avec sa carlingue vautrée sur le côté et ses ailes allongées comme celles d'un oiseau mort !

–Ce serait…

–Oui, les restes d'un bombardier américain. Voyez son étoile blanche.

–On dirait qu'il a pris feu.

–Sûrement.

–Et là, ces trous ?

–La marque de notre chasseur qui l'a abattu. On l'a retrouvé à quelques kilomètres d'ici, près de Buckow au milieu de la forêt. Malheureusement, il a largué ses bombes avant de s'écraser et elles sont allées frapper une ferme isolée tuant une jeune femme et son enfant de dix ans.

–Je me souviens maintenant, on en a parlé chez nous.

–Le pilote était encore aux commandes, mort naturellement. Il s'agissait d'un Noir.

–Un Noir ?

–Oui. Ainsi d'ailleurs que les autres membres de l'équipage qui ont sauté en parachute mais qui ont été repris par la police.

–Tous des Noirs ?

–Les Juifs américains, qui dirigent cette guerre, ne se hasardent pas à prendre eux-mêmes des risques, ils préfèrent y envoyer des Noirs. Des Nègres, comme ils disent. Une nouvelle preuve que le *Führer* a raison.

L'homme au drapeau rouge fit un signe et la barrière fut relevée. Le moteur du vieil autocar ronfla sans trop de difficultés permettant aux passagers de continuer leur voyage tandis que Frida regardait le train s'éloigner lentement emportant avec lui ce qui restait du grand oiseau américain.

Dix minutes plus tard, ce fut Zieversdorf: un groupe de maisons basses aux toits moussus et une petite place centrale où des gens attendaient à l'ombre de vieux tilleuls. L'horloge de l'église sonna trois fois au moment où l'autocar s'arrêta.

–C'est ici que je descends, dit Frida en se levant. Pardon.

Son voisin se mit debout puis s'esquiva pour la laisser passer.

–*Heil Hitler!* dit-il en joignant les talons de ses bottes rouges et en s'inclinant vers elle pour mieux la saluer.

–Au revoir, murmura-t-elle, un peu gênée par tant d'obséquiosité.

Trois autres personnes descendaient également à Zieversdorf. Tout en attendant son tour derrière elles, elle jeta un coup d'œil sur celles qui étaient à l'extérieur et désiraient monter. Il y avait là deux femmes endi-

Retour ds son village

manchées, un vieil homme à moustache une longue pipe éteinte entre les dents et… Était-ce bien lui ?

Elle crut le reconnaître mais n'en était pas certaine. Hans ! Un ami d'enfance avec qui elle avait joué quand elle était gamine et qui, plus tard, l'avait fait souvent danser pour les fêtes du village. Hans Ostermayer ! Un garçon qui faisait courir toutes les filles avec ses beaux cheveux bruns et ses yeux noirs. Pas du tout le type aryen à la mode, mais tellement séduisant. Sympathique avec ça et toujours gai comme un oiseau par un matin de printemps.

Hans ! C'était bien lui mais il n'avait plus qu'un bras et une affreuse cicatrice lui défigurait le visage. À peine guérie, boursouflée, rouge, elle le rendait presque méconnaissable.

– Frida !

Il l'avait vue et lui faisait signe de sa main gauche qui brandissait une canne.

– Hans !

Elle alla vers lui, le prit par les épaules et voulut l'embrasser mais il la retint.

– Seulement sur cette joue-là, ma jolie, l'autre n'est pas encore disponible.

Toujours le même. Il plaisantait encore malgré la grande détresse qu'elle lisait dans ses yeux. Pour un peu, elle allait dire: «Que t'est-il arrivé?» Heureusement, elle n'en fit rien. La réponse allait de soi. Il lui aurait dit: «La guerre, ma belle, la guerre.» Car lui l'avait faite.

– Tu vois, lui dit-il, la valse à l'envers comme celle à l'endroit, c'est fini pour moi.

Elle aurait voulu lui dire quelque chose de gentil, d'affectueux mais elle ne trouvait pas les mots dont elle avait besoin.

Lui se recula d'un pas, l'examina, la considéra des pieds à la tête et lui dit en souriant:

– Toi, tu es toujours aussi belle. Ça va?

– Oui, Hans, ça va.

Elle ne put empêcher ses larmes de couler silencieusement sur ses joues. Quand il les vit, il attira la jeune fille contre lui et la serra avec tendresse.

– Oh, ma Frida!

Le chauffeur de l'autocar s'impatienta.

– En voiture! s'écria-t-il.

– J'arrive! répondit Hans en se séparant de la jeune fille.

Au moment de la quitter, il pointa son doigt sur le brassard à croix gammée qu'elle portait sur son uniforme de la Jeunesse hitlérienne et dit :

– Ça marche toujours, ce machin-là ?

Retrouvaille avec un ami d'enfance à la sortie du car : Hans qui est défiguré à c de la g.

2

Le cœur plein d'une intense tristesse, Frida regarda partir le vieil autocar. Hans s'était installé tout au fond et lui faisait un signe amical de son unique main. Il avait dominé les quelques secondes d'émotion qui lui avaient fait crier: « Oh, ma Frida ! » et il souriait de nouveau. Comme auparavant. Comme au temps où il la serrait dans ses bras et l'entraînait dans des danses éperdues.

De la façon dont il était placé, elle n'apercevait que la partie gauche de son visage, celle qui était vraiment la sienne, qu'elle connaissait depuis toujours. L'autre, elle la garderait dorénavant dans ses yeux: horrible et effrayante.

C'est vrai, elle lui avait fait peur.

Il faisait chaud, très chaud, et tout ce qui vivait paraissait écrasé. Les maisons avaient tiré leurs volets pour créer plus de fraîcheur aux gens réfugiés de l'autre côté des murs. Seul, quelque part, le bruit d'un marteau frappant du métal transperçait le silence.

Pour regagner la ferme de ses parents, elle préférait passer le long du *Schwarzen See*, le « lac Noir », plutôt que d'emprunter la route. Son chemin serait ainsi rallongé de près d'un kilomètre mais, à l'ombre des pins, le parcours serait plus agréable et la température plus douce.

Tout de suite, le sentier domina le lac. Frida s'arrêta un instant et le regarda. Elle connaissait le moindre détail du paysage qui s'offrait à sa vue mais elle ne s'en lassait jamais. De l'autre côté, tout en face, une plage de sable blanc offrait sa douceur aux visiteurs qui y venaient chaque jour. Pour l'instant, elle n'en apercevait que quelques-uns, qui demeuraient étendus sous les arbres en attendant l'heure propice de la baignade. Un petit bateau avec une voile minuscule avait été tiré près du bord et se balançait doucement. On disait le lac très profond, et son eau d'un bleu sombre presque noir lui donnait un aspect redoutable.

Frida venait souvent s'y baigner et peut-être que, ce soir même, elle enfourcherait sa bicyclette et y reviendrait quand il ferait moins chaud. Quelques années plus tôt, ils étaient toute une bande et ils s'amusaient comme des fous. Il y avait Sofia, Martha, Erich, Franz et Hans. Depuis l'an passé, les garçons avaient été mobilisés et seul Franz donnait parfois de ses nouvelles. Il était en France sur la côte normande, face à l'Angleterre. Erich avait été envoyé en Union soviétique et plus personne n'avait entendu parler de lui. Martha était demeurée mais Sofia s'était mariée et avait suivi son époux quelque part dans le sud de l'Allemagne. Quant à Hans, elle venait de le rencontrer…

Elle marchait tout en se remémorant ses souvenirs quand ses yeux se fixèrent par hasard sur une tache brune au milieu des fougères. De loin, elle ne parvenait pas à bien la distinguer mais elle pensa aussitôt à un cygne noir endormi sur son nid. Un cygne semblable à ceux que le chauffeur du car avait failli bousculer sur la route. Il n'était pas rare d'en rencontrer autour des lacs. Pourtant, elle se dit que ce n'était guère possible et que les cygnes faisaient leur nid beaucoup plus près de l'eau.

C'était quoi alors ?

Découverte d'un enfant

La curiosité et aussi le désir de secourir l'oiseau pour le cas où il serait blessé la poussèrent à y aller voir de plus près. Fille de ce pays, elle ne redoutait ni les bruyères hautes ni les ronces aux épines acérées qui s'entremêlaient et créaient des pièges dangereux pour les jambes.

Doucement, sans bruit, de peur d'effrayer le cygne, elle se glissa parmi les fougères, écartant de ses mains celles qui lui obstruaient le passage. Elle s'arrêta soudain, n'osant faire un pas de plus.

Pas de cygne noir blessé ou en bonne santé sur son nid mais un enfant roulé en boule qui dormait.

Dix ans, pas plus, avec des traits tirés, un visage émacié et pâle, qu'une chevelure noire abondante rendait encore plus misérable. Sale aussi, comme s'il ne s'était pas débarbouillé depuis plusieurs jours.

Il était vêtu d'une culotte courte bleu marine souillée de terre, d'une chemise à carreaux gris et verts et chaussé de grosses galoches à semelles de bois. Afin de mieux dormir, il avait roulé puis posé sous sa tête un autre vêtement de même couleur que sa culotte. Tout près, tombé dans l'herbe : un béret. Un béret basque comme ceux que portent les Français.

Surprise, n'osant faire le moindre mouvement de peur de le réveiller, Frida le regardait et ne savait quoi penser. Qui était-il ? Que faisait-il ici loin de tous ? Sans aucun doute, il se cachait. Pourquoi ? En s'approchant, elle vit que l'un de ses genoux était écorché. Du sang coagulé tachait la chaussette de sa jambe droite. Elle remarqua aussi qu'il respirait mal, que son souffle s'arrêtait parfois de longues secondes, avant de reprendre brusquement comme dans un sanglot. De même, elle découvrit qu'il tremblait parfois malgré la forte chaleur. L'enfant était blessé et malade. Si personne n'intervenait, il allait mourir au milieu de ces fougères. C'était miracle de l'avoir aperçu.

Elle s'avança lentement, se baissa, étendit puis posa sa main sur l'épaule du gosse.

– Petit, réveille-toi.

Comme il continuait de dormir, elle le secoua.

– Surtout, n'aie pas peur.

D'abord, il ouvrit les yeux, chercha quelque chose ou quelqu'un, parut ne pas saisir où il était ni ce qui lui arrivait puis murmura un mot. Elle crut comprendre « Maman ». Elle allait lui parler quand il la vit réellement. Alors, il poussa un cri, un cri de frayeur immense puis il se dressa d'un bond et s'enfuit en courant droit devant lui.

– Arrête, reviens vite, je ne te veux aucun mal.

Elle s'élança à son tour afin de le rattraper mais la mer de fougères et de bruyères hautes s'était refermée sur lui. Se dressant sur la pointe des pieds, elle chercha à la dominer et à voir le mouvement créé par sa fuite. Mais rien. Tel un petit animal sauvage, il avait dû se tapir dans un fourré et ne plus faire le moindre bruit. Elle pourrait passer tout près, il ne bougerait pas.

Elle l'appela.

– Où es-tu ?

Pas la moindre réponse.

– Ne crains rien, je veux seulement t'aider.

Elle eut beau tendre l'oreille, l'enfant ne se manifestait en aucune façon. À croire qu'elle avait rêvé, qu'il n'existait pas. Mon Dieu, pourquoi se cachait-il ainsi ?

Comprenant que ses appels étaient inutiles, elle se décida à revenir vers l'endroit où elle l'avait découvert. Pressé de s'enfuir, il avait abandonné le vêtement qui lui servait d'oreiller. Peut-être qu'elle découvrirait quelque chose en l'examinant.

La raison de cette fuite éperdue lui apparut aussitôt. Elle tenait entre ses mains un blouson d'enfant bien ordinaire mais, sur le côté gauche, était cousue une grosse étoile jaune. La marque des Juifs !

Frida sentit un long frisson la parcourir de la tête aux pieds. L'enfant était un petit Juif, un fils de ces *Juden* que le parti auquel elle appartenait accusait de tous les maux. En dépliant le vêtement, elle fit tomber un morceau de betterave fourragère. Intriguée, elle le ramassa et vit qu'il était à moitié rongé. La trace des dents du petit se dessinait nettement. Non seulement il était blessé mais encore il crevait de faim.

Elle entreprit de fouiller le blouson et, dans l'unique poche intérieure, elle trouva un modeste portefeuille. En similicuir, usé et râpé sur toutes ses faces, il arborait dans le coin supérieur droit les initiales S. R. Elle l'ouvrit, fouilla dedans. Elle en sortit une carte d'identité française établie au nom de Simon Rohrbach, né à Metz le 6 novembre 1933. Une photographie assez récente, marquée du sceau de l'État français, montrait le visage de l'enfant. On voyait qu'il s'efforçait de sourire mais qu'il n'y parvenait pas, et que des larmes étaient plutôt prêtes à jaillir de ses yeux. La carte n'avait été établie que six mois auparavant par la préfecture de l'Allier et elle comportait au verso le visa de la police allemande en France, ainsi que le numéro 5 714.

Le gamin avait été immatriculé, classé et répertorié. Elle en ressentit une sorte de gêne.

En fouillant de nouveau dans le petit portefeuille, la jeune fille découvrit une lettre soigneusement pliée en quatre mais dont les pliures étaient usées et déchirées en partie. Comme si on l'avait ouverte de nombreuses fois pour la relire sans cesse. L'écriture était fine et bien tracée. Celle d'une femme sans aucun doute.

Une photographie s'échappa de la lettre et tomba à terre. Frida se baissa, la ramassa. Jaunie par le temps, usée, elle montrait un jeune couple qui souriait à l'objectif. La femme, vêtue simplement, tenait dans ses bras un bébé aux joues rebondies et aux yeux vifs. Au verso, quelqu'un avait écrit : « Nancy le 5 juillet 1934. »

« Simon et ses parents, murmura Frida entre ses dents. » Elle ajouta : « Il avait seulement huit mois. »

Une famille juive française quelques années auparavant. Ils semblaient heureux. Machinalement, elle chercha sur les visages des deux époux ces signes distinctifs qui font des Juifs des êtres ridicules et laids comme le disent les propagandistes du parti et comme les dessinent les caricaturistes des journaux allemands. Rien. Ces gens-là étaient comme tout le monde.

Les coin-coin d'un canard sauvage passant à tire-d'aile au-dessus de sa tête la firent sursauter. Elle suivit l'oiseau des yeux, le regarda filer en direction du lac. En Allemagne, les canards avaient la vie belle, personne ne les chassait. Quiconque était pris était puni sévèrement.

Elle aurait pu s'en aller, abandonner le petit Juif à son sort, faire comme si elle ne l'avait pas vu, mais elle en décida autrement. La curiosité et peut-être autre chose la poussaient à en savoir plus.

Elle plia le blouson, lui redonna à peu près sa forme initiale puis le plaça à l'endroit exact où elle l'avait trouvé. Elle allait faire semblant de partir, de retourner chez elle puis, après s'être ostensiblement éloignée, elle allait revenir tout doucement en se cachant du mieux possible. Lui, pendant ce temps, jugerait que tout danger était écarté et qu'il pouvait revenir sur ses pas pour reprendre le seul bien qui lui restait. Sans son blouson, il aurait trop froid pour dormir à la belle étoile. Près des lacs, les nuits sont toujours fraîches.

Elle dut patienter plus d'une heure. Alors qu'elle commençait à trouver le temps long, elle vit soudain remuer les hautes fougères. Il progressait lentement, s'efforçant de ne faire aucun bruit, pareil à un animal sauvage traqué par un chasseur. Elle eut cette pensée et elle se dit qu'elle était le chasseur. Un chasseur d'enfant.

Enfin, elle le vit. Il marchait à quatre pattes et ce fut sa tête qui déboucha du flot de la végétation. Une tête brune, ébouriffée avec, dans les yeux, un regard angoissé.

« Seigneur, comme il est jeune ! »

Il eut un sourire en découvrant que son blouson était demeuré en place, ainsi que son béret. Il prit celui-ci, s'en coiffa et se mit enfin debout. Péniblement et avec une grimace de souffrance. La blessure de sa jambe lui faisait mal. Voulant faire quelques pas, il boita. Il inspecta cependant les alentours du mieux qu'il put en essayant de se dresser sur l'autre jambe. Une fois rassuré, il se rassit et chercha dans son blouson le morceau de betterave fourragère qu'il se mit aussitôt à croquer non sans faire une grimace. La pitance ne paraissait pas à son goût.

Frida décida d'agir. Elle s'élança, fut près de lui en quelques bonds. Complètement sidéré, incapable d'avoir la moindre réaction, il demeura assis, la bouche pleine de l'infecte betterave. Il regardait la jeune fille avec des yeux remplis d'effroi. Il ne chercha pas à se sauver une nouvelle fois mais, après l'avoir longuement fixée, il abaissa lentement sa tête et, tout doucement, il se mit à pleurer.

Il se sentait vaincu, le gosse, et il abandonnait la lutte. Jusqu'ici, il s'était courageusement battu et il avait espéré mais son dieu l'avait abandonné.

La jeune fille comprit, ressentit tout cela comme si elle le pensait elle-même. Pour la première fois de sa vie, elle éprouvait une émotion qu'elle ne pouvait définir. C'était comme si une main invisible la serrait à la gorge, tandis que son ventre se crispait et que son cœur voulait s'arrêter de battre. Il lui semblait qu'elle était responsable de la détresse de l'enfant et qu'elle aussi devrait se mettre à pleurer.

Elle s'agenouilla auprès de lui, posa sa main sur celle du petit qui retira aussitôt la sienne d'un mouvement vif. Elle n'insista pas, ne voulut pas le brusquer. Essayant de se souvenir de ce qu'elle avait appris à l'école, elle l'interrogea en français.

– Tu es français, n'est-ce pas ?

Il hocha la tête de façon affirmative.

– Et tu t'appelles Simon ?

Là, il leva vers elle ses yeux mouillés. Comment pouvait-elle le savoir ?

– J'ai regardé dans ton portefeuille.

– *Ach so.*

– Tu parles allemand ?

Il fit signe que oui. Elle se souvint qu'il était lorrain, de Metz, et qu'il pouvait en effet connaître la même langue qu'elle. Ce serait sûrement plus facile pour se comprendre.

D'ailleurs, ce fut lui qui reprit la conversation :

– Tu vas me livrer à la *Gestapo* ?

Elle voulut le rassurer :

– Non.

– Alors aux S.S. ?

La *Gestapo*, les S.S., les deux organisations qui semaient la terreur partout où elles exerçaient leur domination. Même les Allemands les redoutaient.

– Pourquoi crois-tu cela ?

– Parce que toi aussi… dit-il en désignant du doigt le brassard qu'elle portait.

Il était logique, le gamin. Logique et réaliste. Puisqu'elle arborait l'emblème du parti nazi, qu'elle portait l'uniforme de la *Hitlerjugend*, elle adhérait forcément aux idées du *Führer* et à celles de ses acolytes. Et tous détestaient les Juifs. Même, ils avaient décidé de les exterminer jusqu'au dernier. Elle se devait donc de leur livrer ce rejeton de *Juden* qui lui était tombé par hasard sous la main et qui était obligatoirement un évadé de quelque part.

Il était logique et il s'attendait au pire.

Elle ne lui répondit pas mais elle détacha son brassard, l'enleva et le fourra dans la poche de sa jupe.

Il eut un sourire de remerciement suivi aussitôt d'une mimique de scepticisme. On lui avait tellement menti depuis qu'on l'avait affublé de l'étoile jaune.

Pour se donner une contenance et reprendre un peu de confiance, il mordit à nouveau dans son morceau de betterave et fit une grimace.

– Ce n'est pas bon, dit-il.

Frida s'interrogeait, ne savait que faire. En tant qu'Allemande et surtout que membre de la Jeunesse hitlérienne, elle se devait de prendre le gamin par un bras et de le conduire auprès des autorités, c'est-à-dire de la police. C'était son devoir le plus strict. Si on lui avait posé la question un autre jour ou bien le matin même lors de la manifestation à Berlin, elle n'aurait pas hésité une seconde.

Mais il était là, devant elle, bien vivant et plein d'une peur qu'il s'efforçait de dominer. Ça changeait tout. C'était d'elle seule que le sort de l'enfant dépendait.

Tandis qu'elle le détaillait en silence tout en essayant de mettre de l'ordre dans ses idées, ses yeux s'arrêtèrent sur la tache de sang maculant sa jambe.

– Tu es blessé ?

– Oui, un peu.

Il descendit sa chaussette jusqu'à la cheville et elle découvrit une longue entaille le long du mollet. La blessure était laide, boursouflée et pleine de sang.

– C'est quand le wagon a culbuté, dit-il.

– Le wagon ?

– La bombe est tombée sur le devant du train et on a déraillé.

Il ajouta avec beaucoup de fierté dans les yeux :

– C'était un avion américain.

La jeune fille vit tout dans sa tête l'espace d'un éclair. Le gamin faisait partie d'un convoi emmenant quelques milliers de Juifs vers un de ces camps de Pologne tant redoutés où, disait-on, la plupart étaient exterminés. Longtemps, elle avait douté mais, un jour, elle avait vu passer un train formé de wagons à bestiaux aux ouvertures bardées de fils de fer barbelés au travers desquels elle avait aperçu des visages de femmes qui se pressaient. Quelqu'un lui avait dit qu'on allait enfin les faire travailler et que c'était bien ainsi. Elle avait, par la suite, forcé sa mémoire à oublier.

Et Simon venait d'arriver. Son train avait été bombardé, son wagon avait versé, s'était brisé et le gamin en avait profité pour s'échapper.

Il sortit de sa poche un mouchoir plein de sang séché et entreprit de tamponner sa blessure d'où sortait un liquide jaunâtre.

– Ça me fait mal, dit-il, et ça m'engourdit la jambe.

Elle pensa : « S'il n'est pas soigné au plus tôt, ça peut devenir grave. »

Alors, elle se décida. Fouillant dans sa poche, elle en sortit son mouchoir encore plié en quatre, le posa elle-même sur le mollet de l'enfant puis releva la chaussette pour le tenir en place.

– Maintenant, lui dit-elle en le forçant à se relever, tu viens avec moi.

– Où ça ?

– Tu verras bien.

En vérité, elle ne savait pas encore ce qu'elle allait faire.

– Dis, pas à la police ?

– Non.

– Parce que la police, ils veulent me tuer.

–…

–Je le sais, tout le monde le disait dans le wagon. Quand on peut pas travailler, on est tué.

–…

–Et moi je suis trop petit pour travailler.

Il ajouta avec une froideur terrible :

–Mes parents, ils les ont emmenés un jour et sûrement qu'ils les ont tués. Mais j'étais chez des gens dans l'Allier. Heureusement. Seulement, il y a quinze jours, ils sont venus là aussi et ils ont ramassé tous les enfants.

Frida ne répondait pas, ne trouvait aucun mot à dire au gamin et toutes sortes de pensées tourbillonnaient dans sa tête. Il lui en imposait et les mots qu'il employait lui faisaient mal. Comment expliquer, justifier ce qui se passait ? Jusqu'ici, elle avait tout accepté de la part du parti et même, quand ses parents émettaient parfois des réserves, elle n'hésitait pas à les reprendre, à leur répéter ce qu'elle entendait au cours des réunions auxquelles elle assistait, ainsi que tous les garçons et toutes les filles de son âge. Maintenant, elle s'interrogeait.

–Dis, c'est comment ton nom ?

–Frida.

Il répéta :

–Frida, Frida, c'est pas mal et ça me plaît assez.

Elle ne put s'empêcher de sourire. Il était étonnant, ce gosse, qui paraissait avoir retrouvé confiance.

Il se baissa, ramassa son blouson.

–Et maintenant, où est-ce qu'on va?

Comme il allait enfiler son vêtement, elle vit l'étoile jaune, la marque de l'infamie, ce qui lui fit mesurer tout le danger qu'elle s'apprêtait à courir.

–D'abord, répondit-elle, il faut enlever ça.

Elle prit le blouson, essaya de tirer sur les fils.

–Tu n'aurais pas un canif, par hasard?

–J'en avais un mais ils me l'ont pris à la fouille.

–La fouille?

–Oui, avant de monter dans les wagons, on a dû tout laisser sauf les papiers. L'argent aussi, ils nous l'ont pris.

Elle entreprit de découdre l'étoile avec ses dents, ce qui ne fut pas facile.

–Ça tient bien, dit-il, c'est mademoiselle Laure qui l'a cousue.

–Mademoiselle Laure?

–La directrice de l'orphelinat de Pont-Saint-Cyr dans l'Allier, là où j'étais. Les gendarmes l'avaient obligée à le faire.

Lorsque Frida eut réussi à découdre l'étoile, elle s'aperçut que sa place était encore nettement visible sur le vêtement. Trop risqué.

– Je crois qu'il vaut mieux l'abandonner, je te trouverai autre chose.

– On le cache sous un tas d'herbe ?

– Oui.

Tous deux se mirent à couper des fougères. Ils allaient en recouvrir le blouson roulé en boule quand le gamin se précipita.

– Mon portefeuille !

Elle l'arrêta.

– Non, Simon, il vaut mieux aussi le laisser là.

Pour la première fois, elle venait de l'appeler par son prénom. Ni l'un ni l'autre ne s'en rendirent compte.

– Mais ma carte, ma photo ?

– Il ne faut rien garder.

– La lettre de Maman !

Elle s'agenouilla près de lui, lui prit les deux mains et le regarda dans les yeux.

– Maintenant, écoute-moi bien. Je ne sais pas encore comment je vais faire mais je vais essayer de te tirer de là. Seulement, il ne faut plus que tu ressembles à un petit Français.

–Surtout pas à un Juif.

Il disait ça sans sourciller, en ébauchant même un sourire. De plus en plus étonnant, ce gamin.

–Alors, plus de blouson, plus de béret, plus de papiers français, ni photo ni lettre.

–J'aurais bien voulu garder la photo et la lettre, j'ai rien d'autre.

–Non, Simon, rien, absolument rien, c'est trop dangereux. Heureusement, tu parles allemand. Voilà ce qu'on va faire : si quelqu'un me demande qui tu es, je répondrai que tu es un cousin et que tu viens de...

Elle réfléchit quelques secondes.

–De Cologne, c'est ça, de Cologne. C'est une grande ville des bords du Rhin, tu te souviendras ?

–Tu parles, l'eau de Cologne, je connais.

–Parfait. Et puis, il faut que tu changes de prénom, Simon, c'est trop...

–Trop juif, hein ? Chez nous, il y a beaucoup de Simon. Mon grand-père s'appelait comme ça.

–Si on disait Erich ?

–Oui, j'aime bien Erich Rohrbach, c'est assez chouette.

– Très bien, maintenant, dépêchons-nous.

Tandis que l'enfant s'employait à cueillir d'autres fougères, la jeune fille se mit à creuser un trou dans la terre sableuse. Elle n'avait que ses mains mais elle y mettait tout son cœur. Elle déposa le vêtement, le recouvrit puis elle le piétina pour l'enfoncer le plus possible.

Il lui passa les fougères coupées qu'elle jeta dessus, s'efforçant de rendre l'ensemble pas trop visible.

– Ça devrait aller, partons vite d'ici.

Elle lui prit la main et l'entraîna vers la forêt. Quand il eut fait une dizaine de pas, il se retourna pour jeter un dernier coup d'œil sur ce qu'il abandonnait.

– Un jour, je reviendrai, dit-il et je retrouverai ma photo.

Elle ne répondit pas, pressée de gagner le sentier qui serpentait sous les pins et les sapins. Une forte odeur de résine embaumait l'air. Elle aurait voulu accélérer le pas mais, sur le grand tapis d'aiguilles mortes, le gamin traînait la jambe et peinait à la suivre. Il ne se plaignait pas. Elle s'aperçut cependant qu'il se mordait parfois les lèvres pour ne pas laisser échapper une plainte.

Un moment, il lui lâcha la main pour se précipiter vers un arbre et s'y appuyer tandis qu'il était pris de haut-le-cœur et de légers vomissements. Lorsque ce fut fini, il revint vers elle et lui sourit.

– Ça doit être la betterave, dit-il.

– Tu as mal ?

– Oui, ça me brûle, là.

Il désignait son estomac en même temps qu'un long frisson le parcourait des pieds à la tête.

– Dès que je pourrai, je te donnerai à manger.

– Je veux bien, parce que ça fait plus de trois jours. Quand on est partis, on a eu un morceau de pain puis plus rien. Heureusement, quand je me suis sauvé, j'ai trouvé des betteraves. C'est pas bon, ça fait un drôle d'effet dans la bouche. Comme de l'acide. Tu sais, je boirais bien aussi. Ce matin, j'ai bu de l'eau du lac. Elle sentait la vase. T'as pas soif, toi ?

– Si. Tiens, c'est une idée, je connais une source pas très loin d'ici. On va y aller tout de suite. D'accord ?

– D'accord, Frida. Toi, t'es allemande mais t'es une bonne fille.

– C'est gentil de me dire ça.

– Parce que je le pense. C'est pas comme les soldats qui nous emmenaient. Comme ils trouvaient qu'on ne montait pas assez vite dans le wagon, ils nous ont bousculés à coups de poing et à coups de pied. Même, il y a une fille qui en a pris un dans le ventre et que ça lui a fait drôlement mal. Après, elle a pleuré tout le temps.

Simon racontait ce qu'il avait vécu sans colère ni révolte et, pourtant, chaque mot était comme une blessure pour la jeune fille. Dans sa tête, elle imaginait la scène, la vivait et en ressentait une terrible gêne. Elle était bonne, généreuse, incapable de concevoir que des hommes puissent avoir de telles brutalités envers des enfants. C'était inimaginable mais ça existait puisque Simon l'avait vécu. Quelle honte !

Et, le cœur broyé, elle se sentait complice !

Cependant, comme si elle désirait souffrir davantage, elle voulut en savoir plus :

– Combien de temps es-tu resté dans le wagon ?

– Un peu plus de deux jours et deux nuits.

Deux jours et deux nuits entassés et enfermés comme de vulgaires colis avec une seule et minuscule ouverture pour pouvoir respirer ! Mon Dieu, est-ce possible ?

Après quelques secondes de marche en silence, il reprit son récit :

–Je me demande s'il y en a d'autres qui se sont sauvés comme moi. C'est vrai que j'ai eu de la chance. Moi, je me suis retrouvé dans l'herbe alors que beaucoup étaient écrasés sous les roues. Et je peux te dire que j'ai pas attendu longtemps pour regarder. Mademoiselle Laure disait toujours que j'étais le plus débrouillard de la bande, c'est peut-être vrai.

–Nous arrivons, c'est ici.

En effet, entre deux rochers, une petite source sortait allégrement de terre. L'eau n'était pas abondante mais claire et pleine de bulles. Quelques myosotis l'embellissaient de leurs fleurs bleues. C'était joli et le coin, aménagé, bien entretenu, devait être apprécié des promeneurs, surtout par les temps de canicule.

Pour l'instant, il n'y avait personne. Simon se précipita, se mit à genoux puis se courba vers l'eau et colla sa bouche dedans. Il but longuement tandis que Frida le regardait en souriant.

–Elle est bonne, dit-il simplement.

Il ajouta:

–Il y en avait une toute pareille chez Grand-Mère et c'est mon papy qui m'a appris à boire comme ça quand j'allais chez eux en vacances. Il disait que je faisais comme un petit loup des bois.

–Que sont-ils devenus tous les deux?

–Je ne sais pas. Un jour, on n'a plus eu de nouvelles.

Durant un court moment, un voile de tristesse assombrit ses yeux. Puis il le chassa résolument.

–Et toi, tu ne bois pas?

–Si, si, et je vais essayer comme toi.

Elle s'agenouilla à son tour et se mit à boire. Seulement, elle se servit de sa main pour plus de commodité.

–Tu triches! s'écria-t-il.

–C'est vrai, admit-elle, je ne peux pas y arriver aussi bien que toi.

Elle se mit debout, tapota le bas de sa jupe où s'étaient fichées quelques aiguilles de pin puis regarda autour d'elle.

–Maintenant, il nous faut repartir.

–Où est-ce que tu m'emmènes?

–Je pense à quelque chose.

–Pas à la police, hein?

–Non, je te l'ai promis.

–Juré?

–Juré.

Ils retrouvèrent le sentier pendant une bonne centaine de mètres. Comme il était très étroit, Simon marchait derrière elle et s'efforçait de la suivre. Au moment où ils arrivèrent à l'orée du bois, ils aperçurent un peu plus loin un couple de promeneurs qui parlaient à un homme en uniforme. Le gosse s'arrêta tout net.

– Dis, tu vois, un policier ?

– Non, c'est seulement un garde forestier.

– C'est quoi ?

– Un homme chargé de surveiller la forêt.

– Il a une grande casquette tout comme les policiers.

– Chez nous, tous ceux qui gardent quelque chose ont une grande casquette.

– Tu crois qu'il va nous arrêter ?

– Non. Pourquoi le ferait-il ?

– Parce que moi, je suis juif.

– Il ne le sait pas. Peut-être aussi qu'il s'en moque. Toutefois, je vais remettre mon brassard.

Il prit un air complice.

– T'as raison, ça lui fera peur. La croix gammée, ça fait toujours peur.

– Pas à moi.

– À moi, si. On dirait une grande roue qui veut écraser tout le monde.

Elle ne répondit pas à cette remarque mais elle le prit par la main et la lui serra bien fort.

– N'aie pas peur et surtout souviens-toi. Si on te demande quelque chose, tu es mon cousin de Cologne et tu t'appelles Erich Rohrbach.

– Et je suis venu passer quelques jours de vacances chez toi.

– Bien. Maintenant, fais semblant de rien.

Les derniers mètres furent difficiles pour Simon mais la main de Frida qui serrait fortement la sienne lui donna du courage. Tout comme elle, il parvint même à sourire au forestier qui les gratifia d'un amical signe de tête.

Ouf! il avait eu chaud. Il en respira un grand coup.

– Heureusement qu'il n'a pas vu ma jambe, dit-il.

Frida se sentit frémir. Vrai, elle n'avait pas pensé à cela. Qu'aurait-elle répondu si l'autre, plein de bonnes intentions, avait posé des questions à ce sujet?

– Tout à l'heure, quand nous serons arrivés, tu quitteras tes chaussettes et je les laverai pour qu'on ne voie plus que tu es blessé.

– Si t'en avais une autre paire...

– Je n'en ai pas.

– Parce que celles-là, elles ont de gros trous aux talons. À cause des galoches. Les semelles de bois, ça use les talons.

– Pourquoi tu portais des galoches ?

Il eut un petit rire sec, comme s'il se forçait.

– Parce que, en France, tout le monde n'a plus que des semelles de bois. En cuir, on n'en trouve plus.

– Tu veux dire que c'est nous qui…

– Dame oui, nous, on n'a plus rien.

Décidément, elle en apprenait des choses. Et puis, après tout, la France avait perdu la guerre et l'Allemagne l'avait gagnée. Il fallait bien une différence. Logique, non ?

– Tiens, c'est ici que nous allons.

Elle lui désignait du doigt une grosse cabane en bois couverte de tuiles rouges. Dans son genre, elle avait une certaine allure, un peu celle d'un chalet de montagne avec son toit qui débordait largement sur le devant. Tout au bout d'un petit champ récemment fauché, elle paraissait s'adosser sur une haie vive, ce qui lui donnait un air coquet.

– Elle appartient à mes parents et on y entasse du foin pour l'hiver. Tu seras bien caché à l'intérieur et personne ne viendra te dénicher là. Je t'apporterai à manger et à boire dès que possible. Tu pourras même te laver un peu car il y a un tonneau avec de l'eau de pluie dedans.

– Ça me fera du bien.

– Mais surtout, n'en bois pas, t'attraperais la colique.

– Je le sais.

Il marqua un temps puis il demanda :

– Et après ?

– Après quoi ?

– Je veux dire, après, quand je serai mieux, qu'est-ce que tu feras ?

Elle poussa un soupir qui en disait long sur son embarras.

– Eh bien, Simon, je vais te le dire : je n'en sais encore rien. Je chercherai, je réfléchirai et peut-être que je trouverai.

De fait, elle sentait monter en elle une interrogation. Pourquoi agissait-elle ainsi ? Depuis qu'elle avait eu l'âge de comprendre, on lui avait répété que, si l'Allemagne avait été malheureuse après la défaite de la Première Guerre mondiale, c'était la faute des capitalistes, des Juifs du monde entier et que le devoir de tous les Allemands, hommes, femmes et enfants, était de lutter contre eux pour que la mère patrie puisse retrouver sa véritable grandeur. Et elle avait approuvé et obéi.

Hum, pas toujours obéi parce que, depuis déjà un an ou deux, elle s'était parfois sentie mal dans sa peau. Hans y avait été souvent pour quelque chose.

– Je t'embête, hein ? dit Simon.

– Pourquoi penses-tu cela ?

– Parce que je le vois bien. Ça t'est pas facile de m'aider. Avant que tu me trouves, t'étais plus tranquille.

Elle en convint en elle-même mais ne le lui dit pas. C'était pourtant vrai. Qu'est-ce qui lui avait pris de s'attendrir sur le sort de ce gamin qui, en plus, était un petit Juif ? Peut-être parce que ça lui rappelait Regina, son ancienne copine d'école. Un jour, la *Gestapo* était venue l'arrêter ainsi que ses parents. Eux aussi étaient juifs. Personne ne les avait jamais revus. Elle se souvint que sa mère en avait pleuré et qu'elle avait eu également bien du chagrin.

– Ça va, Frida ?

– Oui, oui, ça va, Simon.

Quand Hitler avait annoncé à la radio la « solution finale », ils s'étaient regardés tous les trois et son père s'était levé pour tourner le bouton du poste. Même, il avait dit entre ses dents : « C'est pas ça qui nous portera bonheur. » Et puis la vie avait repris son cours et on n'en avait plus parlé.

Elle regarda le gosse à la dérobée. Il était si jeune, son regard était si doux et à la fois si courageux qu'elle avait été séduite.

Autre chose, peut-être. Depuis toujours, elle aurait voulu avoir un petit frère qu'elle aurait aimé, dorloté. Ses parents ne lui avaient pas donné satisfaction et elle en avait été peinée. Aujourd'hui, c'était un peu comme si elle en avait trouvé un.

Ce qu'elle faisait, ce qu'elle allait faire était très dangereux pour elle. Elle en avait conscience et chaque battement de son cœur le lui rappelait. Elle le savait mais, contrairement à ce que son raisonnement lui répétait sans cesse, elle n'éprouvait pas une peur réelle. Au contraire, elle en ressentait une sorte de plaisir. Comme si elle triomphait d'un combat.

Elle voulut cependant chercher à tempérer ses pensées : « Allons, Frida, garde un peu les pieds sur terre. »

– Dis, elle est chouette, ta cabane !

Il voulut y arriver le premier et en faire le tour. Il jeta aussi un coup d'œil dans le tonneau et fut satisfait d'y trouver de l'eau.

– Malheureusement, dit-elle, je n'ai pas la clé sur moi. Aussi, tu vas m'attendre ici bien sagement, je ferai le plus vite possible. Si tu vois venir quelqu'un, tu te caches dans la haie. D'accord ?

– D'accord, Frida.

– Je me sauve, à tout de suite.

Elle allait partir quand il la rattrapa par le bras et lui planta son regard bien en face.

– Dis, tu reviendras, c'est sûr ?

– Juré, Simon, juré.

Frida découvre un garçon ds les fougède qui lui raconte se qu'il vient de vivre. Elle décide de l'aider malgré qu'il soit Juifs, ~~a chaque~~ il était blessé gravement à la jambe. A chaque phrase prononçait elle éprouvait de la empatie à son égard

3

Cinq cents mètres à peine séparaient la cabane à foin de la ferme où logeaient Frida et ses parents. Pour s'y rendre, il lui fallait d'abord prendre le petit chemin caillouteux bordé de haies où les ronces avaient établi leur domaine puis en emprunter un autre plus important et mieux entretenu.

Il faisait très chaud et aucun arbre n'apportait véritablement de l'ombre. On avait l'impression de cuire dans une véritable fournaise, mais la jeune fille était solide et elle marchait d'un bon pas. Elle avait hâte en effet de revenir au plus tôt auprès de son protégé.

Ça lui faisait drôle d'être à nouveau seule. Elle se sentait plus libre et ses nerfs, moins tendus, lui permettaient de réfléchir avec calme. Mon Dieu, dans quel guêpier était-elle allée se fourrer ? Elle se rendait compte de plus en plus qu'elle jouait gros. Si elle était prise à aider un petit Juif évadé, ce serait sûrement la prison pour un bon bout de temps. Heureusement qu'elle était une fille car, un garçon, on l'aurait expédié aussitôt sur le front de l'Est aux postes les plus dangereux.

« Et je suis membre de la Jeunesse hitlérienne ! Un comble, pas vrai ? »

Elle ne put s'empêcher de sourire. Si Ernst apprenait cela, il ferait sûrement une drôle de tête. Ernst, c'était son chef, un lieutenant en quelque sorte, du même âge qu'elle et qui lui faisait un peu la cour. Un fanatique, Ernst !

Bizarre. Depuis qu'elle avait fait la rencontre de Simon et qu'elle l'avait pris sous son aile, elle se sentait plus heureuse qu'avant. Difficile à définir mais ce gamin l'avait accrochée. Elle s'était découvert un sentiment qu'elle ignorait et, maintenant, elle avait une « affaire » bien à elle. À elle seule. Et une affaire risquée, dangereuse. Passionnant, non ?

Elle se dit tout de même, en confidence, qu'elle devait être un peu folle.

« Mais qu'est-ce que c'est que ça ? »

Elle n'était plus qu'à une cinquantaine de mètres de chez elle et elle découvrait deux voitures automobiles arrêtées devant la maison dont une qu'elle connaissait bien : celle du *Schupo* de Zieversdorf. La police chez elle ! Que pouvait-elle bien faire là ? Impossible que ce fût pour elle et pour Simon. Personne ne pouvait savoir qu'elle l'avait conduit jusqu'à la cabane à foin.

Elle pressa le pas et ce qu'elle vit dans la cour de la ferme lui fit passer un long frisson dans le dos. Ils étaient une demi-douzaine d'hommes, dont son père, qui entouraient le chef de la police de Zieversdorf. Tous armés de fusils de guerre. Il s'agissait de fermiers voisins, âgés de quarante à cinquante ans, qui n'étaient pas mobilisés pour le front mais qui avaient été embrigadés dans la *Volkssturm*, cette garde du peuple formée depuis peu et à laquelle l'autorité pouvait demander d'intervenir à l'intérieur du pays à tout moment.

Le *Schupo* l'aperçut à l'instant où elle pénétrait dans la cour et il se tourna vers elle. Ils se connaissaient depuis longtemps mais, sans trop savoir pourquoi, elle ne l'aimait pas. Peut-être parce qu'il avait l'air de se croire supérieur à tout le monde ou bien, tout simplement, parce qu'un jour il l'avait menacée de la prison alors qu'elle était encore toute gamine. Il est vrai qu'avec son amie Sofia, elle avait escaladé la clôture d'un jardin voisin pour aller chiper des prunes.

« Ciel, je ne l'avais jamais remarqué mais c'est vrai qu'il porte une grande casquette ! »

La remarque de Simon venait de lui revenir en tête ; elle avait une envie de rire qu'elle peinait à contenir. Elle lui était trop grande et seules ses oreilles l'empêchaient de lui descendre sur les yeux. Rigolo, non ? Il aurait pu aussi couper cette grande moustache en forme de guidon de bicyclette qui lui donnait un aspect ridicule. Surtout qu'il n'était pas tellement grand et plutôt tassé des fesses. Hans, ce pauvre Hans, l'avait surnommé « Cul-bas » et, dès lors, toute la bande ne l'appelait que par ce nom. Naturellement, il n'en savait rien.

« Dis, Frida, tu crois que c'est le moment de te moquer de lui ? »

Il vint directement à elle.

– Tu tombes bien, lui dit-il.

Ces quelques mots lui firent un choc. Était-ce pour elle qu'il était venu ?

– Pourquoi ?

– Parce que tu vas nous aider, nous ne sommes pas de trop pour ce que nous avons à faire.

– Que se passe-t-il ?

– Nous recherchons un aviateur américain qui a sauté en parachute et qu'on n'a pas retrouvé. Quelqu'un nous l'a signalé dans les parages et des battues sont organisées un peu partout.

En entendant ces paroles, elle se sentit soulagée. Il ne s'agissait ni d'elle ni de Simon et c'était beaucoup mieux ainsi. Elle pouvait respirer. Cependant…

Cependant, en y réfléchissant bien, le gamin risquait fort d'être découvert par la battue. Certes il avait l'air débrouillard mais les verrait-il à temps et parviendrait-il à se cacher ? Le mieux était de les accompagner et de faire le plus de bruit possible pour attirer l'attention de Simon.

– Ne perdons pas de temps, dit le *Schupo.*

Il s'empressa de donner ses ordres :

– Toi, dans cette direction, vous, de ce côté, les autres par ici et par là. Moi, je vais remonter en direction du champ des cerfs. À la moindre alerte, tirez un coup de fusil en l'air pour avertir tout le monde.

Le champ des cerfs ! Frida en trembla. C'était justement en direction de la cabane à foin et, pour relever une trace suspecte, le policier était certainement plus habile et surtout plus motivé que les fermiers. Le mieux pour elle était de l'accompagner.

–Moi, dit-elle, je vais rester auprès de vous. Il s'agit de terres qui appartiennent pour la plupart à mes parents et je les connais bien.

–D'accord, répondit-il, surtout que tu n'es pas armée, et on ne sait jamais.

–Frida! lança son père.

–Quoi Papa?

–Prends la clé de la cabane à foin pour regarder à l'intérieur, des fois qu'il aurait réussi à y entrer.

–J'y vais.

Elle s'empressa d'aller décrocher la clé qui était suspendue à un clou à l'intérieur de l'étable tandis que de nombreuses réflexions se bousculaient dans sa tête. Tout à l'heure, en compagnie du policier, elle allait ouvrir la porte. Heureusement que Simon n'y était pas.

Ils s'étaient déployés dans la campagne et les hommes, fusil au bras, avançaient pas à pas, fouillant les moindres buissons. Si l'Américain était découvert et s'il ne se rendait pas aussitôt les mains en l'air, il serait abattu sur-le-champ. Terrible. Et s'ils levaient le pauvre petit Simon comme le chasseur lève le lapin et qu'il cherche à fuir, que feraient-ils? Elle n'osait l'envisager.

–À propos, tu viens d'où?

– De Berlin où avait lieu la grande manifestation de la *Hitlerjugend.* Je suis revenue par le car jusqu'à Zieversdorf et j'ai pris le chemin du lac pour venir ici.

– Pas de rencontre suspecte, d'homme qui s'enfuit à ton approche ?

Elle eut une envie folle de lui dire que si et de le faire marcher.

– Ce ne serait pas un aviateur noir que vous recherchez ?

Il s'arrêta net de marcher, le fusil pointé en l'air, le nez face au vent tel un chien de chasse. Soupçonneux aussi.

– Comment le sais-tu ?

Ciel, comme ça lui plaisait de le tenir en haleine.

– Je disais ça comme ça.

– Je ne t'en ai pas parlé, l'aurais-tu rencontré, aperçu ?

– Non, non !

– Alors, pourquoi dis-tu que c'est un Noir ?

Elle jugea que la plaisanterie avait assez duré.

– Tout bonnement parce qu'on en a parlé dans l'autobus. Au passage à niveau, on a vu passer les restes d'un avion américain sur un wagon et un homme qui était là nous a raconté que le pilote avait été tué, qu'il s'agissait d'un Noir et que les autres aviateurs étaient aussi des Noirs. Par contre, il nous a affirmé que tous avaient été capturés.

–Tous sauf un qui a réussi à s'enfuir. Il est possible d'ailleurs qu'il soit blessé.

–L'homme nous a dit également qu'une ferme avait reçu les bombes et qu'une femme et son enfant avaient été tués.

–Exact.

–C'est affreux.

–Oui, c'est affreux mais la guerre est toujours affreuse. L'avion a aussi bombardé un train qui se rendait en Pologne et qui transportait...

Il hésita puis il continua:

–Je crois qu'il y avait des Juifs dedans et que plusieurs ont été tués aussi.

Elle ne put s'empêcher de tressaillir. L'avion américain, un train de Juifs, le bombardement, l'évasion de Simon, quel étrange enchaînement d'événements! L'homme qu'ils étaient en train de rechercher était venu d'Amérique pour sauver ce gamin qu'elle avait trouvé. L'homme et elle, dans le même but. Sans le savoir.

Ils arrivèrent en vue de la cabane à foin. Frida sentit les battements de son cœur s'accélérer et ses jambes faiblir sous elle. Simon était-il toujours là, les avait-il vus venir ? Elle ne savait quelle décision prendre.

S'il ne s'apercevait pas que le *Schupo* se trouvait à quelques mètres et qu'il se précipite au-devant d'elle, quelle contenance devrait-elle prendre ?

– Tu as la clé, n'est-ce pas ?

– Oui.

Comment faire pour le prévenir, attirer son attention ? Elle cherchait dans sa tête, commençait à être en proie à la panique lorsqu'elle aperçut deux corbeaux perchés au sommet d'un arbre. Alors, elle eut une idée. Elle se baissa, ramassa deux cailloux, se mit à courir en direction des oiseaux et les leur lança en les injuriant.

– Allez-vous-en, sales bêtes ! Croah, croah !

Effrayés, les deux corbeaux s'envolèrent aussitôt et elle se retourna, la mine satisfaite, vers le *Schupo* qui ne comprenait pas.

– Qu'est-ce qui te prend ?

– Je n'aime pas les corbeaux.

– Drôle d'idée.

– On dit qu'ils portent malheur, alors je les chasse.

L'homme haussa les épaules, fit une mimique qui voulait en dire long sur ce qu'il pensait de l'état mental de sa compagne.

Ils n'étaient plus qu'à une vingtaine de pas de la cabane et Simon ne se manifestait pas. Il s'était peut-être caché dans la haie, comme elle le lui avait dit. Elle se décida à courir en avant.

– Je vais ouvrir la porte.

– Attends-moi, s'écria le policier.

Elle ne l'écouta pas et arriva la première à la cabane. Tout de suite, elle en fit le tour puis elle jeta un rapide coup d'œil aux environs. Personne. Simon n'était pas là. S'il ne s'était pas enfui, il semblait s'être bien caché. Un grand soulagement l'envahit et elle poussa un long soupir.

Elle introduisait la clé dans la serrure quand le *Schupo* arriva tout essoufflé d'avoir couru. Sa mine était rouge et les pointes de ses moustaches avaient perdu de leur superbe.

– Attends un peu, on ne peut pas savoir.

Il arma son fusil, se tint prêt à tirer.

– Maintenant, tu peux y aller.

Elle tourna la clé, ouvrit grandement la porte. Il avança de deux pas, son arme pointée en avant.

Le foin était là, dégageant sa bonne odeur d'herbe sèche. Il le regarda sans y toucher.

– On voit tout de suite que personne n'est entré là-dedans, dit-il en homme qui connaît son métier.

Frida s'avança à son tour et grimpa jusqu'au sommet du tas qui ne remplissait que la moitié de la cabane. Une fois en haut, elle s'allongea de tout son long dans l'herbe craquante.

– Il fait chaud, dit-elle, mais j'adore ça.

Elle ajouta aussitôt :

– Je crois que je vais vous abandonner et rester un moment ici. J'ai beaucoup marché depuis ce matin et je suis un peu fatiguée. Je suis certaine que vous ne m'en voudrez pas.

Le *Schupo* désarma son fusil, le passa à son épaule tout en hochant de la tête.

– D'accord, Frida, d'accord. D'ailleurs, ça vaut peut-être mieux.

Il pensait sans doute qu'il était préférable de ne pas avoir auprès de lui une fille qui avait peur des corbeaux et qui les chassait à coups de pierre.

Sur ces mots, il repartit en direction du *Schwarzen See* espérant retrouver l'aviateur américain tandis que la jeune fille se laissait couler jusqu'au sol et le regardait s'éloigner peu à peu. Quand elle l'eut perdu de vue et qu'elle jugea qu'il ne pouvait plus l'entendre, elle se décida à appeler l'enfant. D'abord doucement puis un peu plus fort.

– Simon, es-tu là ?

Une voix étouffée sembla sortir de terre.

– Oui.

Frida tendit l'oreille, fit le tour de la cabane, scruta les buissons, ne vit rien et se demanda où il pouvait bien être.

– Tu peux venir, je suis seule.

– J'arrive !

Elle entendit un glissement à ses pieds et eut la surprise de voir remuer l'herbe puis d'apercevoir la tête frisée du gamin qui émergeait de dessous la cabane. Tout en se tortillant comme celui d'un lézard, le reste de son corps suivit. La construction de bois avait été posée sur des dés de ciment de trente centimètres de haut environ, créant ainsi un espace vide entre le sol et le plancher. Comme des ronces et des plantes de toutes sortes avaient poussé tout autour, la cachette était insoupçonnable. Un merveilleux refuge pour qui pouvait se glisser dans un espace si étroit.

– J'étais bien caché, hein ?

Il souriait, heureux de sa trouvaille. Elle en fut effrayée. Il considérait tout cela comme un jeu alors que sa vie était en danger.

Il reprit, tout en frottant sa culotte et ses genoux maculés de poussière :

– Je parie que toi non plus, tu ne m'aurais pas trouvé. Le plus ennuyeux là-dessous, c'est que c'est plein d'araignées et de petites bestioles qui me couraient dessus. Il y en a même qui me sont entrées dans le cou.

Sans lui laisser le temps de dire un mot, fier de son exploit, il continua le récit de ses sensations :

– Tu sais, je vous ai vus arriver tous les deux. Seulement vos jambes. Ça fait drôle, c'est tout comme au cinéma. Mais moi, surtout, fallait pas que je bouge.

– Mon Dieu, mon Dieu, dit-elle en l'enserrant par les épaules et en l'attirant contre elle, tu ne peux pas savoir comme j'ai eu peur ! Je craignais que le *Schupo* ne te voie et ne te demande qui tu es.

Il blottit sa tête dans les mains de la jeune fille et lui dit dans un souffle :

– Tu sais, j'aurais pas dit que je te connaissais. Je l'aurais juré jusqu'au bout.

En finissant de prononcer ces mots, il se dégagea d'elle, leva son bras droit et cracha par terre. C'était son serment à lui, tel qu'il devait le faire en jouant avec ses copains.

– Parce que, continua-t-il, je sais que ça t'est défendu de m'aider et qu'ils te feraient peut-être du mal à toi aussi. Même si tu portes un brassard à croix gammée.

Il avait de la noblesse dans les yeux, ce bout de gamin de dix ans. C'était pourtant un petit Juif. Frida ne put s'empêcher d'évoquer les caricatures présentées dans les journaux où les *Juden* étaient montrés comme des êtres laids, lâches et veules. Un mot lui vint aussitôt à l'esprit : « Propagande ».

– Merci, dit-elle, mais il vaut mieux que le policier ne t'ait pas trouvé.

Il opina de la tête puis il demanda :

– Qu'est-ce qu'ils cherchaient avec leurs fusils ?

– Un des aviateurs américains qui ont bombardé ton train.

Il réfléchit quelques secondes.

– Vont pas le trouver, dis ?

– Je ne sais pas.

– Parce que s'il avait pas bombardé, moi, je serais pas avec toi. Peut-être bien que je serais mort.

– Ne pense plus à ça.

– Ouais.

Il poursuivit sa pensée et fut rapidement convaincu que personne ne retrouverait l'aviateur.

–Il a sûrement une filière.

Frida fut subitement intriguée.

–Que veux-tu dire?

–Ben oui, une filière pour repartir en Angleterre. C'est toujours comme ça dans les livres. Un aviateur qui tombe en territoire ennemi a toujours une filière pour repartir. Le plus difficile, c'est d'aller la rejoindre. Sûrement que lui aussi en a une. En France, il y en a beaucoup. En Allemagne, certainement que y'en a moins mais il doit bien y'en avoir une ou deux. Sans cela, ça serait pas juste.

Il poursuivit en la regardant bien dans les yeux:

–Tu sais, Frida, dans les livres, c'est toujours un peu la vérité.

Elle ne put s'empêcher de sourire. Simon vivait la guerre comme dans un roman. Il y avait les bons, les méchants, les aviateurs abattus et les espions pour les aider. Il paraissait ignorer que la réalité est toujours très différente de la fiction et qu'il était personnellement plongé dans le drame.

Il prit un air sérieux, réfléchi.

– C'est ça qu'il me faudrait à moi aussi : une filière. Si t'en connaissais une, ça serait plus facile pour nous deux. Tu pourrais aussi venir avec moi.

Elle éclata de rire.

– Dis, Simon, tu oublies que je suis allemande !

– C'est pas pareil.

– Comment ça ?

– Toi, t'es une bonne Allemande.

L'enfant avait établi des distinctions dans le peuple allemand. Il y avait les bons et les méchants Allemands. Comme dans les livres. Une bonne Allemande ! Le *Schupo* dirait qu'elle est traître à son pays.

Elle voulut changer d'idée.

– À propos, quand est-ce que tu nous a vus arriver ?

– Quand t'as crié après les corbeaux mais j'avais découvert la cachette avant. Lorsque tu es partie, j'ai cherché tout de suite pour le cas où j'en aurais besoin. Heureusement que je suis débrouillard.

C'est vrai qu'il l'était, comme l'assurait mademoiselle Laure, la directrice de l'orphelinat de Pont-Saint-Cyr.

– Un moment, reprit-il, quand je t'ai vue avec l'homme au fusil, j'ai pensé que t'avais été chercher la police pour me prendre. J'ai failli en pleurer. Et puis, quand t'as crié après les corbeaux, j'ai compris que c'était pour m'avertir.

Il prit la main de Frida et l'entraîna vers la porte de la cabane qui était demeurée ouverte puis il regarda à l'intérieur.

– Ça sent bon et y'en a du foin. C'est dommage que ça ne se mange pas car j'ai drôlement faim.

Il savait être discret dans son rappel. Elle en fut gênée car elle n'ignorait pas combien il avait faim. Pourtant, il n'osait pas lui rappeler ses promesses.

– Pardonne-moi, lui dit-elle, mais je n'ai pas pu prendre quelque chose chez moi. Lorsque je suis arrivée, ils étaient tous réunis dans la cour et s'apprêtaient à partir en battue. Mais je te promets, je viendrai dès que je pourrai. Je crois qu'il sera préférable d'attendre la nuit. Quand mes parents seront couchés, je me relèverai et prendrai ce qu'il faut puis je te l'apporterai.

Comme il ne disait rien, elle poursuivit :

– Tu comprends, il vaut mieux que ça soit un secret entre nous. Personne ne doit le savoir.

– Même tes parents ?

Ses sourcils se froncèrent et une sorte de nuage passa dans son regard.

Frida cache Simon ds une cabane.

– Je ne suis pas certaine de ce qu'ils penseraient et ils auraient surtout peur pour moi.

– T'as raison, Frida. D'ailleurs, t'as toujours raison.

Il l'amusait avec ses réflexions et le nuage de ses yeux s'envola. Une fossette amusante en profita pour faire sa révérence dans le creux de sa joue.

– Tu crois ?

– Aussi vrai que deux et deux font quatre.

Il entreprit de grimper au sommet du tas de foin. Il y parvint assez difficilement car il glissait et Frida dut le pousser un peu aux fesses. C'est en riant qu'il arriva en haut et qu'il s'y allongea aussitôt sur le dos, les bras en croix.

– Ah, ce qu'on est bien, ce qu'on est bien !

– Pas trop chaud ?

– Un peu mais ça vaut un bon lit. C'est même plus doux. Surtout à côté de ceux de Pont-Saint-Cyr qui étaient durs comme du bois. Je sens que je vais dormir !...

Il se prélassa ainsi quelques secondes puis il se tourna sur le ventre et se rapprocha du bord, un brin d'herbe sèche entre les dents.

– Dis, tu viens un peu avec moi ?

Elle ne se le fit pas dire deux fois et elle grimpa à son tour. Quand elle était gamine, elle y venait avec Hans et ils jouaient tous les deux à cache-cache dans un foin tout pareil. Même, une fois, elle s'était enfoncée dans un trou et, sans l'aide de son ami, elle n'aurait pu en sortir toute seule.

Hans, lui si gai, si vif, si plein d'entrain ! Maintenant, il était invalide et défiguré pour toujours. Pourtant, il était beau et elle en avait été toujours un peu amoureuse. Sans cette guerre, peut-être qu'il l'aurait demandée en mariage et qu'elle aurait accepté.

Comme elle arrivait près de Simon, il baissait sa chaussette, soulevait le mouchoir qu'elle lui avait donné et regardait sa blessure. Elle n'était pas belle.

– Ça te fait mal ?

– Ça m'élance et ça me tire jusque dans la cuisse. Elle est chaude aussi. J'aurais bien dû la laver avec l'eau de la source.

– On a été bêtes, on n'y a pas pensé.

– Et si on y retournait ?

– Non, Simon, surtout pas. Tu oublies qu'il y a partout des policiers et des gens qui cherchent l'aviateur américain. Non, il est préférable de ne pas bouger. Cette nuit, j'apporterai aussi de quoi nettoyer ta blessure et la désinfecter. Je sais comment on fait. À la « Jeunesse », on nous apprend et j'ai chez moi tout ce qu'il faut pour les premiers soins. Tu vois, le brassard que tu n'aimes pas, il sert tout de même à quelque chose.

Il grogna entre ses dents puis dit tout haut :

– Je l'aime pas quand même.

Elle s'étendit à son tour près de lui et tous deux regardèrent sans parler le dessous de la toiture. Sous leur poids, le foin se tassait en craquant et peu à peu les recouvrait. Au coin d'un chevron, une grosse mouche s'était prise dans une toile d'araignée et se débattait de toutes ses forces en bourdonnant pour s'arracher au piège.

– Tu la vois ? interrogea Simon.

– Oui.

– C'est comme moi quand les gendarmes sont venus nous chercher à Pont-Saint-Cyr.

La mouche était prête à se libérer quand l'araignée, une grosse velue et toute noire, surgit. Elle se précipita sur sa proie, l'entoura de ses longues pattes, la roula dans des fils neufs et l'immobilisa à jamais.

– C'est fini, dit Simon. Il lui aurait fallu une Frida pour la sauver. Pas de chance, il n'y en a pas chez les araignées.

La jeune fille fut surprise et profondément touchée par ce raisonnement. Il n'avait que dix ans et, déjà, il avait des réflexions de grande personne.

Ils demeurèrent un long moment sans dire une parole. Chacun voyageait dans ses souvenirs. Frida pensait à Hans, se demandait s'il ne pourrait pas l'aider à sauver Simon. Il n'aimait pas le régime hitlérien et bien souvent il s'était moqué d'elle et de son appartenance à la « Jeunesse ». D'ailleurs, quelques heures auparavant, il ne s'était pas gêné pour lui dire en désignant son brassard : « Ça marche toujours, ce machin-là ? »

Si quelqu'un d'autre l'avait entendu, il aurait pu avoir des ennuis. En Allemagne, on ne badinait pas avec de telles réflexions. En réalité, tous les jeunes étaient plus ou moins embrigadés de force et les parents n'osaient pas s'y opposer par crainte de représailles. Elle s'était toujours demandé comment lui, Hans, avait fait pour y échapper. Peut-être, ne l'avait-on pas trouvé assez sérieux pour en faire partie. Il est vrai qu'il était toujours prêt à rire et à se moquer de tout.

Maintenant, avec ses graves blessures, la souffrance morale et physique qu'il devait endurer, son opposition au nazisme avait dû se transformer en une forte haine. Si elle lui parlait de Simon, peut-être refuserait-il de l'aider mais certainement qu'il n'irait pas la dénoncer à la *Gestapo.* Tout de même, elle devrait prendre de grandes précautions et ne lui en parler qu'à mots couverts. Sûrement qu'il peinerait à la croire quand elle lui dirait qu'elle essayait de sauver un petit Juif!

Simon se tourna vers elle.

–Tu sais à qui je pense?

–Non.

–À Maman. C'est parce que je suis là, couché à côté de toi.

Elle se sentit tressaillir.

–Le dimanche matin, Papa se levait le premier et allait préparer le petit déjeuner dans la cuisine. Puis, quand c'était prêt, il allait le porter à Maman au lit. Il disait qu'elle était sa princesse et ça faisait beaucoup plaisir à Maman. Moi, je le savais et, dès qu'il était debout, je me levais et j'allais me glisser à la place de Papa. Je me collais aussitôt contre elle. C'était bon. Quand Papa revenait avec le petit déjeuner sur un plateau, je faisais semblant de dormir et il avait toutes les peines du monde à me réveiller. Maman riait!

–Et tu mangeais aussi au lit?

–Oui, je partageais avec Maman.

Il poussa un long soupir de regret.

– C'était chouette.

Après quelques secondes de silence, il dit d'une voix mélancolique :

– Aujourd'hui, j'y pense parce que tu es là, près de moi, comme elle l'était dans le grand lit.

Frida sentit une intense émotion s'emparer d'elle et lui serrer la gorge. Il la comparait à sa mère. C'était idiot, n'est-ce pas ? Pourtant...

– Seulement, reprit-il en riant, il n'y a pas de plateau garni de chocolat au lait et de croissants au beurre !

Il avait le génie de la volte-face, ce gamin ! Les larmes et puis le rire. La douche écossaise qui faisait du bien, qui libérait le corps et l'esprit, qui permettait de ne pas trop penser.

Il s'assit dans le foin, remonta ses jambes et les enserra dans ses bras tout en regardant devant lui. Il recommença à égrener le chapelet de ses souvenirs.

– Malheureusement, dit-il, il y a eu la guerre, la débâcle et la défaite. Les arrestations des Juifs aussi. Je suis parti le premier dans l'Allier et j'ai laissé mes parents à Metz. Je ne savais pas pourquoi, mais ils m'ont dit que je serais bien. Je pensais que ça ne durerait pas longtemps, tout comme si c'était des grandes vacances, mais ça a duré des mois et je ne les ai pas revus. Mademoiselle Laure m'a dit qu'ils avaient été emmenés du côté de la Pologne.

Soudain, il se tourna vers elle et ses yeux se firent suppliants.

– Dis, Frida, tu sais, toi, pourquoi on nous veut toujours du mal, à nous, les Juifs ?

Elle s'assit à son tour, recroquevilla elle aussi ses jambes et les enferma dans ses bras ainsi qu'il venait de le faire et chercha dans sa tête une réponse qu'elle ne trouva pas. Elle s'aperçut alors qu'on ne lui en avait jamais donné de valable.

Avec le récit de Simon, elle venait de suivre pas à pas le destin tragique de sa famille comme l'avait été celui de tant d'autres. Ils étaient heureux, ne pensaient qu'à vivre comme tout le monde, à se reposer le dimanche et à prendre ensemble le petit déjeuner au lit et puis, un jour, des soldats de son pays avaient envahi le sol sur lequel ils se trouvaient. Ils avaient apporté avec eux l'idée de faire disparaître les Juifs. Alors, tout avait été fini et, à l'enfant qui l'interrogeait, elle ne pouvait fournir la moindre explication.

– Je l'ignore, Simon, répondit-elle.

Lui, le survivant, cherchait encore à savoir :

–Mes parents disaient que, depuis longtemps et dans tous les pays du monde, on fait du mal aux Juifs. C'est vrai ça ?

–Oui.

–Et tu ne sais pas pourquoi ?

–Non.

Il réfléchit et hocha la tête.

–C'est quand même drôle, hein ?

Elle voulut essayer de changer de conversation :

–Maintenant, il faut que je parte.

–Déjà ?

–Comme je ne suis plus avec les hommes et le policier, on pourrait s'inquiéter et venir par ici. Je vais fermer la porte à clé et te laisser seul. Tu n'auras pas peur au moins ?

–Si, j'aurai sûrement peur.

Il voulut aussitôt la rassurer :

–J'aurai peur mais ça ne fait rien, je serrerai les dents. Je fais toujours comme ça quand j'ai peur.

–Et ça va mieux ?

–Un peu. Tiens, la nuit dernière, quand j'ai dormi dans les roseaux près du lac, j'avais une peur terrible. Alors, j'ai serré bien fort les dents et puis aussi les poings et ça fait que j'ai pu dormir. C'est le froid qui m'a réveillé. Ici, dans le foin, tout au moins j'aurai pas froid.

– Tu es brave, Simon, je le sais. Allez, je me sauve. Surtout, ne bouge pas d'ici et, si t'entends quelqu'un passer près de la cabane, ne fais aucun bruit. À tout à l'heure.

Comme elle allait se glisser jusqu'au sol, il la rattrapa par un bras et la retint une seconde.

– Dis, fais-moi un bisou, tout comme Maman le soir quand nous étions ensemble.

Elle le regarda et vit qu'il tendait sa joue en fermant les yeux. Il lui fut impossible de se soustraire. D'ailleurs, elle n'en avait aucune envie.

Les deux baisers chaleureux qu'elle lui donna libérèrent sa poitrine oppressée et elle put mieux respirer.

Ce gamin, il avait le don de se faire aimer.

Frida le cache ds une cabane.

Les policiers sont à la recherche d'un pilote Amér. [illegible] les 2, Simon lui raconta son passé, lorsqu'il était heureux avec sa famille, et cela a bcp touché Frida.

4

Lorsque la porte fut refermée, une demi-obscurité se fit à l'intérieur de la cabane à foin. Seuls quelques rais de lumière filtraient çà et là à travers les planches. Un peu de soleil pénétrait également à la jointure du toit et des murs de bois.

Simon se sentit devenir triste. Pourtant, il avait trouvé un bon abri pour dormir et obtenu la promesse d'avoir bientôt quelque chose à manger pour apaiser la faim qui commençait à le tenailler fortement. Il avait soif aussi et il se surprenait à rêver à la source où il avait pu se désaltérer autant qu'il l'avait voulu.

Frida. Il avait eu beaucoup de chance qu'elle l'ait vu en train de dormir au milieu des fougères. Il pensait pourtant être bien caché. C'est vrai qu'elle l'avait d'abord pris pour un cygne noir. Un cygne noir ! S'il en était un, il n'aurait qu'à déployer ses ailes et s'en aller en volant. Oui mais, des ailes, il n'en avait pas et c'était bien dommage.

Il eut soudain une pensée qui lui fit passer un long frisson. Si Frida ne revenait pas ! Si, pour une raison quelconque, elle ne pouvait pas revenir ! Alors, il resterait là, lui, enfermé pour toujours. L'idée s'infiltra tout doucement dans sa tête et finit par devenir une obsession. Personne, à part elle, ne savait qu'il était dans cette cabane. Dans cette cabane, enfermé à clé.

Il se laissa glisser jusqu'à la porte et se mit à examiner la serrure. Elle lui apparut aussitôt comme étant de première qualité, de même que la poutre dans laquelle elle était fixée. De ce côté, rien à faire. Il lui fallait chercher ailleurs. Heureusement, ses yeux s'étaient habitués à la lumière ambiante et il y voyait suffisamment.

Il regarda autour de lui, chercha où il pourrait trouver une issue. Rien, au premier abord, mais il n'était pas question de se décourager. Il scruta les murs, promena son regard dans tous les recoins. Soudain, il eut une exclamation intérieure. Le toit ! C'est cela, il venait de trouver. Le toit avec les tuiles posées sur les lattes de bois. Sans peine, il pourrait les soulever, en retirer quelques-unes, puis il lui serait possible de se glisser entre les lattes et de gagner ainsi l'air libre.

Pour en être plus certain, il remonta sur le tas de foin et entreprit de faire un essai. Facile ! Les tuiles étaient à portée de main et il pouvait les soulever presque sans effort. En poussant un peu plus, il les ferait basculer aisément.

La découverte qu'il venait de faire le rassura pleinement et, poussant un long soupir de soulagement, il se laissa choir à nouveau dans le foin qui l'accueillit comme le meilleur des matelas. La couche était douce, moelleuse et chaude. Une fois allongé sur le dos, les bras en croix, les jambes écartées, il se détendit peu à peu et glissa tout doucement vers un repos dont il avait grand besoin. Pour la première fois depuis son départ de France, il se sentit confiant, le cœur rempli d'espoir, presque heureux.

Le sommeil qui le guettait s'approcha de lui et lui ferma les yeux. Il ne sut pas combien de temps il dormit et il ne vit pas la lumière du jour disparaître peu à peu. Toujours est-il qu'il faisait nuit noire quand un bruit suspect, rôdant autour de la cabane, le réveilla en sursaut.

On venait. C'était Frida assurément. Enfin il allait pouvoir manger et étancher sa soif.

Déjà, il allait dévaler jusqu'à la porte pour accueillir la jeune fille quand son instinct l'incita à ne pas faire de bruit et à tendre l'oreille.

Dehors, on hésitait. On faisait le tour de la baraque mais on ne cherchait pas à ouvrir la porte. Une nouvelle inquiétude le gagna. Qui pouvait tourner en rond de la sorte ? Le *Schupo*, la *Gestapo* ?

Il demeura crispé, les nerfs tendus à l'extrême durant une bonne dizaine de minutes, prêt à s'enfoncer dans le creux du foin ou à bondir vers les tuiles qui lui permettraient de s'échapper dans la nuit. Heureusement, il parvint à se dominer.

Le bruit se fit d'abord plus discret puis il s'éloigna enfin. Ouf ! cette fois, il avait eu vraiment peur.

Quelle heure pouvait-il être ? Au moment même où il s'interrogeait, une horloge de village égrena au loin ses coups : dix... onze. Onze heures ! Frida n'allait pas tarder à arriver. Il était préférable de ne pas se rendormir. D'ailleurs, l'alerte qu'il venait d'avoir lui avait enlevé tout sommeil.

Cette fois, c'était bien elle. Il entendit son pas s'approcher de la porte et la clé pénétrer dans la serrure. Sa voix voulut le rassurer.

– Simon, c'est moi !

Il s'empressa de répondre, tout heureux de retrouver celle qui était devenue son amie.

– Je suis là !

Elle entra et la lampe électrique qu'elle tenait à la main éclaira le tas de foin. Elle s'empressa de refermer la porte puis de grimper auprès de lui.

– Ça va ?

– Oui, ça va mais tout à l'heure j'ai eu drôlement peur.

– Comment ça ?

– Quelqu'un est venu rôder autour de la cabane.

– Tu en es certain ?

– Oui, je l'ai bien entendu, il est même resté au moins dix minutes.

En quelques mots, il lui raconta ce qui s'était passé.

– Tu sais, lui répondit-elle en cherchant à le rassurer, c'est peut être seulement un chevreuil ou bien un cerf.

– Un cerf, un de ceux qui ont de grandes cornes ?

– Oui, il y en a beaucoup dans la forêt voisine et, la nuit, ils se promènent un peu partout. L'odeur du foin chaud a pu en attirer un. Une fois, je me suis trouvée en face d'un cerf qui était plus grand qu'un cheval et qui avait des bois immenses. Leurs cornes, comme tu dis, on les appelle des bois.

– Tu as eu peur ?

– Non. Si on les laisse tranquilles, ils n'attaquent pas les gens. En Allemagne, il est interdit de les chasser.

– Tu as sans doute raison, c'est peut-être bien un cerf qui est venu tout à l'heure.

Depuis qu'elle était arrivée, il regardait avec envie le gros sac noir qu'elle avait apporté.

– C'est à manger que tu as là-dedans ?

– Oui, mais à cause de mes parents, je n'ai pu prendre que du pain, du beurre et du fromage.

– Du beurre et du fromage ? Ben, il y a longtemps que je n'en ai pas mangé.

– Tiens, j'ai fait des tartines.

Elle lui tendit un paquet de tartines beurrées garnies entre deux de tranches de fromage. Il les prit avidement.

– Merci, Frida, merci beaucoup.

Il se mit aussitôt à mordre dedans à pleines dents et à les dévorer. Comme c'était bon ! Autre chose que les betteraves. Il en avait comme du feu dans les yeux tant son regard était brillant et il ronronnait comme un petit chat heureux.

– Pas si vite, tu vas t'étouffer !

D'un seul mouvement de la tête, il lui fit signe qu'elle ne devait avoir aucune crainte à ce sujet. Il était tout à fait capable de tenir la cadence. Et puis, il avait tant de retard à rattraper.

– J'ai apporté aussi une bouteille d'eau et une bouteille de lait.

Cette fois, il s'interrompit une seconde.

– Du lait, du vrai ?

– Bien sûr, quelle question !

– Pas du en poudre avec de l'eau ?

– Je l'ai tiré avant de venir et il est même encore chaud. Tu veux en boire ?

– Tu parles !

Il prit la bouteille qu'elle lui tendait et la porta aussitôt à ses lèvres.

– C'est vrai qu'il est encore chaud et qu'il sent la vache.

– Dame, c'est à une vache que je l'ai trait et pas à un cheval.

Ils éclatèrent de rire. La plaisanterie les réunissait et ils se sentaient heureux d'être ensemble. Frida oubliait qu'elle jouait un jeu dangereux et elle découvrait avec cet enfant un sentiment qu'elle n'avait jamais connu. Il lui semblait que Simon était un peu son fils, ce qui lui procurait une grande joie intérieure.

Lorsqu'il eut mangé quatre grosses tartines et bu la moitié de la bouteille de lait, elle le força à s'arrêter.

– C'est assez pour le moment, lui dit-elle, sans cela tu pourrais être malade. Tu mangeras le reste demain matin. D'accord ?

– D'accord, Frida.

– Maintenant, je vais nettoyer ta blessure et faire un pansement propre. Tiens la lampe de poche et éclaire-moi.

Après avoir passé un désinfectant sur la plaie, l'avoir enduite d'un produit de couleur rouge, elle y apposa une compresse stérile puis, avec la dextérité d'une véritable infirmière, elle lui entoura la jambe avec une longue bande de gaze. Elle s'employait à la fixer, quand Simon lui mit la main sur l'épaule et lui dit à voix basse :

– Tu n'entends pas ?

– Quoi ?

– Le bruit.

Elle s'arrêta dans sa besogne et tendit l'oreille. En vain.

– Je n'entends rien du tout.

– Avant, il y a eu comme des pas.

Tous deux écoutèrent à nouveau. Seul le chant d'un oiseau de nuit leur parvint.

– Peut-être bien que tu te fais des idées.

Il secoua la tête.

– Je ne crois pas, j'ai bien entendu. Ça faisait comme l'autre fois avant que tu viennes.

Elle termina son pansement et releva la chaussette. Lui était toujours sur le qui-vive.

– Tiens, ça recommence.

Elle écouta à nouveau et entendit en effet un bruit assez confus.

– Tu as raison et on dirait que ça vient du chemin.

– Tu crois que c'est un cerf?

– Sûrement.

– Il me fait peur.

– Attends, je vais aller voir et le chasser. Ne bouge pas d'ici. Éteins la lampe.

Frida se laissa glisser dans l'obscurité jusqu'au sol. Le bruit paraissait se rapprocher.

– On dirait bien des pas, souffla l'enfant. Fais attention surtout.

Une fois près de la porte, elle l'ouvrit doucement et commença à se faufiler au-dehors.

C'est alors que tout se précipita. Il l'entendit d'abord crier puis il perçut le bruit d'une lutte acharnée entrecoupée de jurons poussés par une voix d'homme.

Quelqu'un cherchait à maîtriser la jeune fille et il ne s'agissait nullement d'un cerf mais bien d'un humain. Elle devait se battre de toutes ses forces et frapper son agresseur des pieds et des poings.

Simon voulut courir au secours de son amie. Il dévala à son tour le tas de foin mais il n'eut pas le temps d'intervenir. L'individu venait d'ouvrir la porte et de jeter Frida à l'intérieur tout comme s'il s'agissait d'un vulgaire colis.

– La garce, elle m'a mordu !

L'enfant sentit son sang ne faire qu'un tour dans sa poitrine. L'homme s'était exprimé en français. Toutefois avec un accent bizarre. Qui pouvait-il bien être ?

Il n'eut pas le temps de s'interroger davantage car l'autre venait d'allumer une forte torche électrique et les éclairait tous les deux, Frida et lui affalés côte à côte dans le foin.

– Et maintenant, pas un geste, sinon je tire.

Il pointait sur eux un gros revolver.

– L'Américain !

Oui, il s'agissait bien de l'aviateur américain abattu par la défense aérienne allemande et recherché par le *Schupo* et les fermiers. Un grand diable, noir comme la nuit, vêtu d'une veste de cuir avec un col de fourrure.

Un Noir dont les yeux faisaient comme deux taches blanches dans l'obscurité et qui n'avait pas l'air de vouloir rire.

Mais il parlait français et Simon n'en revenait pas. Toutefois, il semblait très en colère contre la jeune fille.

– Toi, surtout ne bouge pas, dit-il à Frida tout en portant à sa bouche la main où elle avait planté ses dents.

– Elle ne comprend pas le français, lança le gamin, plutôt perplexe.

Surpris, l'homme dirigea sa lumière sur lui.

– Et toi, tu le comprends ?

– Moi, je suis français.

– Français ?

– Oui et elle, elle est allemande.

Il s'empressa de préciser :

– Mais c'est une bonne Allemande.

L'Américain semblait peiner à réaliser. Une jeune fille allemande avec un gamin français caché en pleine nuit dans une baraque à foin, c'était assez difficile à saisir.

– Qu'est-ce que tu fiches ici ?

– Je suis juif.

Il parut ne pas bien voir le rapport et l'enfant essaya de le lui expliquer :

–J'ai été ramassé en France par les gendarmes et j'étais dans le train de Juifs que vous avez bombardé. Je me suis enfui quand tout a déraillé.

–C'était un train de déportés ?

–Oui.

Il parut consterné.

–Je le regrette, petit.

–Moi pas, m'sieur, parce que, sans vous, je serais dans un camp ou bien j'aurais été tué. C'est ça qu'ils font aux Juifs qui ne peuvent pas travailler. Il y a eu beaucoup de morts avec votre bombe mais moi, j'ai seulement été blessé et j'ai pu me sauver.

–Et elle, elle est juive aussi ?

–Oh non ! Elle m'a trouvé quand je dormais au bord du lac et elle m'a emmené puis caché ici. Elle vient de m'apporter à manger. Sans elle, peut-être bien que la police m'aurait retrouvé.

Il ajouta avec un léger sourire :

–Surtout quand elle vous cherchait.

En entendant ces paroles, le Noir abandonna son air méchant mais garda néanmoins son revolver pointé sur elle.

–Dis-lui que je ne lui ferai pas de mal si elle ne cherche pas à fuir.

Simon traduisit les paroles de l'aviateur et lui fit part de son opinion:

– Tu sais, il fait peur mais il est peut-être pas méchant.

Se tournant à nouveau vers l'homme, il n'hésita pas à l'interroger:

– Et toi, comment que ça se fait que tu parles français?

– Je suis canadien.

– Canadien?

– Oui, canadien français de Montréal.

L'enfant s'enthousiasma à l'énoncé de cette nouvelle. Un Canadien, c'était un ami mais aussi presque un cousin. Même s'il était noir, ce qui le surprenait un peu, mais bof! Il voulut en faire profiter la jeune fille.

– Frida, c'est pas un Américain mais un Français du Canada.

Elle regarda le petit et s'efforça de lui sourire.

– Et ça change quoi?

Visiblement, elle ne comprenait pas leur chance.

– Mais tout, reprit-il, je peux... lui parler.

Lui parler, bien sûr, mais après?

– Alors, lui dit-elle, demande-lui ce qu'il compte faire maintenant.

L'aviateur suivait des yeux leur conversation mais était pressé de la comprendre.

– Que dit-elle ?

– Elle voudrait savoir ce que tu vas faire de nous.

Il eut un éclat de rire qui montra deux rangées de grandes dents blanches. Il venait de se souvenir que les Allemands avaient en général peur des Noirs, surtout les femmes.

– Dis-lui que je vais la découper en morceaux et la manger.

Frida n'apprécia pas la traduction qui lui fut faite et elle haussa les épaules. Pourtant, Simon s'était empressé d'ajouter le plus sérieusement du monde :

– Tu sais, faut pas le croire, il dit ça pour rire.

À son tour, elle ne put s'empêcher de sourire. Il était attachant ce petit avec sa naïveté et sa franchise.

Lui, se tournant à nouveau vers l'aviateur, l'interrogea :

– Toi, c'est comment que tu t'appelles ?

– Max.

– Eh bien Max, moi, c'est Simon et elle, c'est Frida.

Il répéta en se désignant de la main puis en montrant la jeune fille :

– Simon, Frida.

L'autre hocha la tête pour montrer qu'il avait bien compris mais ne répondit pas. Il inspecta l'intérieur de la cabane à l'aide de sa torche électrique et dut penser que, pour parler plus longuement, ils seraient mieux installés tous les trois au sommet du foin.

– Grimpez là-haut, dit-il en accompagnant ses paroles d'un geste explicite.

Ils lui obéirent sans discuter et il s'empressa d'aller les rejoindre. Dès qu'ils furent assis les uns près des autres, avec la torche allumée entre Max et Simon qui les éclairait en allongeant leur visage, ils se regardèrent en silence. Drôle de réunion.

– Parfait, dit le Canadien, maintenant, essayons de nous comprendre. Toi, Simon, tu vas servir d'interprète. Tu veux bien, n'est-ce pas ?

– Oui.

– D'abord, une question. Tu dis que tu es français et tu parles allemand, comment ça se fait ?

– Je suis lorrain, de Metz. Chez nous, presque tout le monde connaît les deux langues. À cause de la frontière.

Max parut satisfait. Un instant, il avait été soupçonneux.

– Ouais, fit-il, un peu comme moi le français et l'anglais.

Frida les suivait des yeux et elle aurait bien voulu participer à leur conversation. Elle décida d'intervenir :

– Demande-lui ce qu'il compte faire.

L'enfant traduisit la question.

– Eh bien, répondit le Canadien, je voudrais seulement savoir où je suis. Après avoir sauté en parachute, je suis tombé en pleine forêt et j'ai marché au hasard. Je suis certain d'être à l'est de Berlin mais j'ignore où exactement et j'ai besoin de m'y retrouver.

– Je sais pourquoi ! s'exclama Simon, triomphant.

– Comment ça ?

– C'est pour la filière.

L'autre fronça les sourcils :

– Que veux-tu dire ?

– Tu as besoin de savoir où tu es pour aller retrouver la filière la plus proche qui te ramènera en Angleterre.

– Qu'est-ce que tu en sais ?

– Ben, c'est dans tous les livres. Il existe toujours une filière pour les aviateurs qui se font descendre en territoire ennemi.

Et il s'empressa de raconter à Frida ce qu'il venait de dire à Max :

– Tu vois que j'avais raison, lui aussi a une filière.

– Qu'est-ce que tu racontes !

– Si, si…

Elle voulut le rappeler à plus de réalisme :

– Simon, on n'est pas dans les livres. C'est la guerre, la vraie guerre.

– Je le sais, reprit-il, mais ça n'empêche pas, au contraire.

Ces paroles semèrent le doute en elle. S'il voyait juste ! Si toute une organisation existait vraiment pour rapatrier les aviateurs abattus lors des combats. Déjà, à plusieurs reprises, quelques-uns d'entre eux n'avaient jamais été retrouvés par la police malgré ses recherches. Elle aussi avait lu dans les livres des histoires de ce genre mais elle n'avait jamais pensé que la réalité pouvait ressembler à la fiction. Oui, c'était possible aussi en Allemagne car les opposants au régime nazi ne manquaient pas. Des gens comme Hans, par exemple.

Le Canadien interrogea l'enfant :

– Tu le sais, toi, où l'on est ?

Simon fit une grimace qui était toute une réponse.

– Non. Quand le train a déraillé, on était près d'un lac, c'est tout ce que je sais.

– Des lacs, il y en a partout dans ce foutu pays. Demande-le à elle.

Le petit répéta aussitôt la question à la jeune fille tout en ajoutant son opinion personnelle :

– Je pense qu'il vaudrait mieux que tu le lui dises.

Hélas, elle en avait une toute différente :

– Simon, je suis allemande et lui, c'est mon ennemi. Je ne dois pas le renseigner.

Il en convint. Tout comme dans les livres, l'héroïne ne devait pas trahir son pays. Cependant…

– Oui mais, dit-il, il a un gros revolver et il est plus fort que nous.

Elle s'entêta :

– Dis-lui que je ne lui dirai rien.

Le Noir éclata de rire quand il connut la réponse de Frida mais il sortit d'un étui attaché à sa ceinture un grand couteau dont la lame plate et large était plus longue que sa main. Sans dire un mot, il l'approcha du visage de la jeune Allemande puis, d'un coup bref, trancha une longue mèche de ses cheveux blonds. Le poignard coupait comme un rasoir.

– Maintenant, dit-il à Simon, dis-lui que si elle ne parle pas, je lui couperai d'abord tous les cheveux puis une oreille puis une autre et je suis certain qu'une fois les deux oreilles coupées et le crâne nu comme un œuf elle acceptera de parler.

Le gosse commença à avoir peur.

– Tu le ferais vraiment ?

– Je le regretterais beaucoup mais je le ferais. Raconte-lui ce que je viens de te dire.

Simon s'empressa de traduire ce qu'il venait d'entendre et, comme chaque fois, il ajouta son propre commentaire.

– Tu sais, il le ferait sûrement.

Frida comprit qu'elle n'était pas en situation de force et le grand diable noir commençait à lui faire vraiment peur. Le mieux était de se montrer conciliante et d'accepter de lui répondre. Ce n'était guère trahir son pays que de lui dire où il était. Et puis, que pouvait-elle faire d'autre ?

– Dis-lui que nous sommes à Zieversdorf.

– On est à Zieversdorf, dit Simon à l'aviateur.

– Zieversdorf ?

– Oui.

Le Noir fouilla dans sa poche puis sortit une carte imprimée sur une toile fine et pliée en accordéon. Il l'étala sur le foin, l'éclaira avec sa torche électrique et se mit à chercher.

– Zieversdorf, Zieversdorf, où est-ce que ça peut bien se trouver ? Là, c'est Lubben ; ici, Baruth.

– Plus au nord, lança Frida.

– Plus au nord, qu'elle dit, fit Simon qui s'approcha et se pencha à son tour sur la carte.

Max, visiblement peu patient, s'arrêta de chercher, regarda la jeune fille et lui fit signe de les rejoindre.

– Montre-moi où nous sommes exactement.

Frida se glissa près de lui sans dire un mot puis se pencha à son tour sur la carte.

– Zieversdorf est là, dit-elle en désignant un point du bout de son doigt, mais nous, nous sommes ici à mi-chemin entre Zieversdorf et Dahmsdorf.

Après avoir réfléchi, elle avait décidé de jouer le jeu, de lui donner le plus de renseignements possible pour qu'il parte au plus tôt. De lui, elle n'avait rien à faire. Seul Simon l'intéressait et il lui serait déjà très difficile de trouver une solution valable.

– Bien, très bien, dit Max, je ne pouvais pas tomber mieux.

–Que dit-il ?

–Que c'est bien, très bien, répondit l'enfant. Pour moi, c'est qu'il n'est pas loin de sa filière.

–Tu le crois vraiment ?

–Puisque je te le dis.

–Demande-le-lui.

Le petit se tourna vers l'aviateur.

–T'es près de ta filière ?

L'aviateur le regarda tout en repliant sa carte et en la fourrant dans sa poche.

–Qu'est-ce qui te fait dire ça ?

–T'as l'air content.

–C'est vrai Simon, je ne suis pas très loin. Tu avais raison, il existe bien des contacts pour les aviateurs abattus en Allemagne mais ne le lui dis pas, à elle, il ne faut pas qu'elle le sache.

–Trop tard, Max, je lui en ai déjà parlé, même avant que tu viennes ici.

Il précisa cependant en prenant un air important :

–Mais elle ne sait pas où.

Max eut un sourire pour cet enfant qui parlait comme un homme.

–C'est très secret, tu sais. Nous, les aviateurs, nous avons les noms et les adresses seulement dans notre tête. Jamais un carnet ou un morceau de papier. Tu comprends pourquoi, n'est-ce pas ?

– Bien sûr.

Depuis quelques secondes, Simon paraissait préoccupé. Il poussa un long soupir :

– T'as de la chance, toi, de pouvoir partir.

Une idée venait de germer dans sa tête mais il n'osait pas en parler ouvertement. L'autre la devina :

– Tu veux dire que t'aimerais bien venir avec moi ?

– Ben oui parce qu'ici, si la police me trouve… Seulement, c'est sûrement pas possible.

– Pourquoi ?

– Parce que je ne suis pas soldat et que les filières, c'est fait seulement pour les soldats.

– Pas obligé.

– Et puis il y a autre chose.

– Quoi donc ?

– Je suis juif et peut-être bien aussi que dans les filières on n'aime pas les Juifs.

– Et Frida, qu'est-ce qu'elle comptait faire de toi ?

– Elle savait pas encore.

La jeune fille les observait et elle aurait bien voulu comprendre ce qu'ils disaient. Lorsqu'elle entendit prononcer son nom, elle intervint aussitôt.

– Simon, qu'est-ce que vous racontez tous les deux ?

L'enfant hésita un court instant. Il avait l'impression de commettre une trahison envers elle.

– Je lui ai dit que, moi aussi, j'aimerais bien partir en Angleterre.

– Et qu'a-t-il répondu ?

– Rien.

Il se reprit :

– Si, il m'a demandé ce que tu comptais faire de moi.

Frida devint songeuse. Simon partant avec le Canadien, ce serait peut-être la meilleure solution. Elle n'aurait plus le souci de le cacher puis d'essayer de le faire passer clandestinement en Suisse comme elle l'avait envisagé, ni de mettre Hans dans la confidence et de lui demander son aide.

– Tu comprends, reprit l'enfant, comme ça je pourrais échapper à la police.

– Oui, répondit-elle simplement.

Elle se rendit compte qu'elle s'était attachée à lui et qu'elle allait souffrir de devoir s'en séparer.

– Et puis aussi, poursuivit-il, on dit qu'en Angleterre on ne fait pas de mal aux Juifs.

– C'est vrai, Simon.

Elle voulut brusquer la décision et elle s'adressa directement à l'aviateur :

– Max, vous acceptez de l'emmener avec vous ?

Le gosse traduisit mot à mot, et la conversation s'établit entre l'homme et la jeune fille.

– Je veux bien essayer.

– Vous pouvez réussir ?

– Je le crois, tout au moins si vous n'intervenez pas auprès de la police.

– Je tiens à le sauver.

– Alors tout est possible.

– Pensez-vous courir beaucoup de risques ?

– Ils existent.

– Si vous étiez arrêtés tous les deux ?

– Je dirais que je l'ai trouvé en chemin, par hasard.

Le petit décida d'intervenir :

– Et moi, je ne dirais pas que je t'ai rencontrée.

Heureuse de l'entendre parler ainsi, elle l'attira contre elle et elle déposa un baiser sur sa joue.

– Je sais, Simon, que tu es brave et courageux.

– Je peux le jurer.

– Pas la peine, je te crois.

Max se laissa glisser du haut du foin jusqu'au sol. Il paraissait s'impatienter.

– Alors, vous arrivez à vous décider ?

Frida serra un peu plus fort Simon dans ses bras.

– Je crois que ce sera mieux ainsi, lui murmura-t-elle à l'oreille, mais surtout sois très méfiant et très prudent aussi. Montre-toi le moins possible et, au moindre danger, sauve-toi. Si tu es à nouveau tout seul, reviens ici, cache-toi sous la cabane comme tu l'as fait cet après-midi. Durant plusieurs semaines, je viendrai y faire un tour pour t'aider encore s'il le faut. Compris, Simon ?

– Compris Frida, je t'aime beaucoup, tu sais.

– Tais-toi.

Elle s'adressa à l'aviateur et l'enfant traduisit aussitôt ses paroles.

– Je vous le confie, dit-elle, prenez bien soin de lui.

– Comme s'il était mon petit frère blanc, répondit-il en éclatant de rire.

Frida et Simon dévalèrent à leur tour jusqu'à la porte. Dès qu'ils l'eurent franchie, elle lui remit le sac qui contenait encore des tartines, du lait et une bouteille d'eau.

– D'ici peu, tu auras certainement faim et soif, lui dit-elle.

– Merci.

– Et puis, ménage ta jambe, ne marche pas trop vite.

Il lui sourit.

– Tu me rappelles Maman, lui dit-il, elle me parlait toujours comme ça.

Il ne vit pas dans l'obscurité qu'elle essuyait une larme au coin de ses yeux.

– Demande à Max s'il se dirige vers Zieversdorf ou bien vers Dahmsdorf.

– Dahmsdorf, répondit le Canadien dès que la question lui fut traduite.

– Alors, reprit-elle, je vais vous conduire jusqu'à la petite route.

Ils traversèrent le champ sans allumer leurs lampes électriques de peur de se faire repérer par une éventuelle patrouille. Frida allait la première, Simon la suivait et Max fermait la marche. La lune qui s'était levée à l'horizon donnait un peu de sa clarté à la nuit.

Chacun ressassait ses idées. L'enfant pensait qu'il marchait peut-être en direction de la tranquillité et de la liberté. Une fois en Angleterre, s'il y parvenait, il pourrait dormir en toute quiétude sans être hanté par l'arrivée subite de policiers venant l'arrêter. Il pourrait aussi manger à sa faim, s'habiller comme tout le monde et ne pas être obligé de porter l'infamante étoile jaune cousue à sa veste.

Pourtant, il éprouvait de la peine à quitter Frida. Elle avait été si gentille avec lui et il lui devait tant.

Soudain, elle se jeta le long de la haie la plus proche et s'accroupit aussitôt. Ils l'imitèrent.

– Qu'est-ce qu'il y a ?

Un doigt sur la bouche, elle leur recommanda le silence. Tous tendirent l'oreille. Un bruit de pas se faisait entendre sur le chemin. On se dirigeait vers eux.

– Qui ça peut être ?

Max sortit son revolver. Il n'oubliait pas qu'il était soldat.

Une sorte de grognement parut rassurer la jeune fille. Elle se mit à nouveau debout, se haussa même sur la pointe des pieds pour mieux regarder à travers le buisson.

– Rien à craindre, dit-elle enfin, c'est Royal.

– C'est qui, Royal ?

– Le plus beau et sans doute le plus vieux de nos cerfs. Regardez-le.

Max et Simon suivirent Frida jusqu'à la sortie du champ et là, au beau milieu du chemin creux, ils découvrirent un magnifique dix-cors aux bois extraordinaires. Sans se soucier d'eux, conscient de sa force, il passa tranquillement, se contentant de leur jeter un coup d'œil et de secouer sa tête à la ramure imposante.

– Cornadieu ! jura Max, je n'en ai jamais vu de semblable.

Ils le regardèrent disparaître dans la nuit et ils repartirent en direction de la route de Dahmsdorf où ils parvinrent rapidement. Frida s'arrêta, étendit son bras vers la droite.

– C'est par là, à quatre kilomètres environ. Vous arriverez par le haut du village. Auparavant, vous passerez près d'un petit étang. Ce sera toujours la nuit et vous ne devriez rencontrer personne. Méfiez-vous cependant car on peut toujours vous rechercher, Max, et vous tendre un piège.

L'enfant était près d'elle. Elle le prit dans ses bras et le serra contre sa poitrine.

– J'ai été contente de te connaître, Simon, et je penserai souvent à toi. C'est de tout mon cœur que je te souhaite bonne chance.

Il l'embrassa et des larmes coulèrent de ses yeux.

– Moi non plus, je ne t'oublierai pas, Frida. Merci, merci beaucoup.

Elle voulut brusquer leur départ.

– Maintenant, partez vite.

Elle le poussa en direction de Max.

– Va, Simon, va.

Il s'accrocha un instant à son bras.

– Tu sais, un jour je reviendrai te voir.

– J'en suis certaine.

– Je te le jure.

– C'est cela. Allez, va vite et surtout souviens-toi de ce que je t'ai dit si tu as des ennuis.

Elle l'embrassa une dernière fois puis, faisant demi-tour, elle se sauva en courant.

Ils se retrouvèrent, Max et lui, face à face et se regardèrent.

– On y va ? interrogea le Canadien.

– On y va, dit l'enfant d'une voix brisée.

Frida sortit de la cabane et découvrit l'aviateur. Ils parlent ++ p3. Et décidèrent que Simon partirait avec Max car il y avait une filée.

5

Ils allèrent côte à côte durant une dizaine de minutes puis Max s'arrêta et lui mit la main sur l'épaule.

– Je pense à quelque chose.

– Quoi ?

– Ce serait mieux si tu marchais derrière moi à une trentaine de mètres.

– Pourquoi ?

– Si des policiers surgissaient, je me battrais avec mon revolver. Je suis soldat, Simon, et j'ai appris à me défendre. De plus, je ne tiens pas à être fait prisonnier. Toi, alors, tu pourrais profiter de la bataille pour te sauver dans la campagne. Qu'en penses-tu ?

L'enfant vit dans sa tête le grand Noir se battant contre des policiers à coups de revolver et les abattant les uns après les autres.

– Je veux bien, répondit-il simplement.

Il demanda cependant :

– Et après, dans quelle direction qu'on va ?

– Müncheberg.

– C'est là qu'est ta filière ?

Max s'apprêta à repartir.

– Tu ne dois pas le savoir.

– Pourquoi ?

– Parce que moins tu en sais, mieux ça vaut.

– T'as pas confiance.

– Il ne s'agit pas de ça.

Simon fut d'abord vexé puis il comprit pourquoi il ne devait pas savoir où se trouvait la filière. L'adresse devait demeurer secrète, ultrasecrète.

– C'est comme dans les livres, dit-il en gardant cependant un peu de mécontentement dans sa tête. Et puis, on peut pas savoir.

– Que veux-tu dire ?

Il répondit avec une certaine perfidie :

– Des fois qu'elle aurait été découverte et qu'elle n'existerait plus.

Le Canadien grogna quelque chose dans une langue que l'enfant ne comprit pas et qui l'étonna. Il s'agissait peut-être d'un dialecte des Noirs de la lointaine Amérique.

– Allez, on repart, dit-il en français avec cet accent si particulier des gens du Québec.

Simon le laissa prendre une bonne avance puis il se mit en marche à son tour. Dans la semi-obscurité de la nuit, il apercevait devant lui la haute silhouette du Noir avancer à grands pas. Il éprouvait un peu de difficulté à le suivre car sa jambe blessée lui faisait mal et, par moments, un engourdissement gagnait son pied. Un peu de froid aussi lui tombait sur les épaules et il regrettait sa veste qu'il avait dû abandonner. S'il était demeuré plus longtemps en compagnie de Frida, sûrement qu'elle lui en aurait procuré une autre.

Le Canadien ne devait pas avoir froid, lui, avec son vêtement de cuir et son col de fourrure.

Au bout d'un long moment, ils arrivèrent en vue de l'étang dont leur avait parlé la jeune fille. La lumière de la lune se reflétait dans l'eau et la transformait en un miroir gris. Des grenouilles coassaient, remplaçant dans le concert nocturne les grillons qui avaient jusque-là accompagné les fugitifs. Max leva un groupe de canards sauvages qui s'enfuit à tire-d'aile et passa juste au-dessus de la tête de l'enfant. Il en eut un frisson de surprise.

Il vit que le Canadien s'était arrêté de marcher et qu'il l'attendait. Il accéléra le pas et fut bientôt près de lui.

– Cinq minutes de repos, ça fera du bien, pas vrai ?

– Je veux bien, Max, surtout pour ma jambe.

– Qu'est-ce qu'elle a ta jambe ?

– J'ai été blessé dans le déraillement du train mais ce n'est rien. Frida m'a fait un bon pansement et ça va aller mieux.

– Je crois qu'elle t'aimait bien, ta Frida.

– Je le pense aussi.

Max désigna du doigt le sac noir que Simon transportait.

– Tu as quelque chose à boire là-dedans ?

– Oui, de l'eau et du lait.

– Bien, passe-moi l'eau et toi, bois une bonne lampée de lait.

Simon fouilla dans le sac et en sortit les deux bouteilles.

– J'ai aussi des tartines, dit-il, t'en veux une ?

Max hésita, il avait faim lui aussi.

–Non, manges-en, toi. Moi, je vais prendre une pastille et t'en donner une également.

Tandis que l'enfant buvait quelques bonnes gorgées de lait, le Canadien fouilla dans la poche de sa veste et en sortit un tube dont il extirpa de grosses pastilles. Il lui en tendit une.

–Tiens, croque ça.

–C'est quoi ?

–Des vitamines et quelque chose pour ne pas avoir faim.

Ils s'assirent sur un tronc d'arbre mort couché sur le bord du chemin. Simon mangea tranquillement sa tartine beurrée ainsi que sa tranche de fromage et il s'en régala. C'était tout de même autre chose que la pastille de Max. Grâce à Frida, il éprouvait à nouveau ce plaisir. Frida. Il serait bien resté plus longtemps avec elle. Hélas, c'était vraiment impossible.

Max ne parlait pas. La tête penchée en avant, les avant-bras appuyés sur les cuisses, dans une stricte immobilité, il paraissait figé sur place. On aurait dit une statue et Simon en était impressionné.

« Peut-être bien qu'il fait du yoga », pensa-t-il un peu perplexe.

– J'ai réfléchi à quelque chose, dit soudain la grande statue noire qui parut se réveiller. Nous allons essayer d'éviter Dahmsdorf ou, plutôt, nous allons le contourner.

Il sortit sa carte, la déplia sur ses genoux et l'éclaira avec sa torche électrique mais en enfermant la lumière dans ses doigts, pour qu'on ne puisse pas la voir de loin.

– Regarde. Si nous suivons le chemin, nous arrivons au village par le haut puis nous sommes obligés de le couper en totalité pour retrouver la route de Müncheberg. En le contournant, le parcours sera moins aisé mais plus court et surtout moins dangereux. En effet, je me méfie beaucoup des agglomérations. C'est si facile d'y tendre un piège. À travers champs, on voit mieux venir. Qu'en penses-tu ?

– Tu sais mieux que moi, Max, dit Simon, flatté que l'homme lui demandât son avis, et je crois que tu as raison.

– Alors on y va ?

– On y va.

Ils se levèrent et se remirent à marcher. Dès que la route commença à monter, Max coupa aussitôt sur sa droite et pénétra à travers champs. Bientôt des difficultés commencèrent à se présenter à eux. Il leur fallait franchir des haies, sauter des fossés, passer par-dessus des clôtures. Ils allaient maintenant côte à côte, le risque de tomber sur une patrouille étant moins grand.

À un moment, ils arrivèrent face à une clôture grillagée d'au moins deux mètres de hauteur qui paraissait entourer une petite propriété. De l'autre côté se trouvait tout un verger tandis qu'une douce odeur embaumait l'air. Max éclaira les arbres avec sa lampe. Des poiriers ! Des branches couvertes de poires longues, dont certaines étaient jaunes et vraisemblablement mûres à point.

– Simon, des poires ! Est-ce que, par hasard, tu les aimerais toi aussi ?

Le gosse ne put s'empêcher de rire en lui-même, le Canadien paraissait très gourmand.

– Je les adore, répondit-il.

– Alors, déclara Max, nous allons non seulement remplir notre estomac mais ce petit sac noir que tu promènes avec toi.

– Hélas, elles sont de l'autre côté.

– Je sais, mais moi, je te monte sur mes épaules et toi, tu sautes. Facile, non ?

« C'est la première fois de ma vie que je vais voler quelque chose », pensa Simon qui avait été élevé dans le strict respect du bien d'autrui, « mais c'est la guerre et nous avons faim tous les deux. Que Dieu me pardonne ! »

Max ne se posait pas de telles questions. Il empoigna le jeune garçon par les aisselles et le jucha sur ses épaules en un seul mouvement.

– Maintenant, tu accroches le haut du grillage et tu passes par-dessus.

Ce fut vite fait et la cueillette se montra abondante. Les poires passèrent rapidement des arbres au sac de Frida. Simon tremblait bien un peu mais il serrait les dents et parvenait ainsi à triompher de son appréhension.

Pour le retour, un poteau l'aida à atteindre les bras de Max qui le soulevèrent comme un fétu de paille. Il ne put cacher son admiration.

– T'es drôlement costaud, dis donc !

– J'ai fait beaucoup de sport et, tu vois, ça sert un jour.

Dès qu'ils furent réunis, ils s'accroupirent et se mirent à mordre dans les poires. Seigneur, elles étaient juteuses que c'en était une bénédiction ! Elles calmaient à la fois leur faim et leur soif et comblaient en même temps leur gourmandise. Simon fut le plus sage.

–Faut s'arrêter, dit-il, sinon gare à la colique.

Il réfléchissait aussi et s'inquiéta:

–Tu crois qu'il verra qu'on en a pris?

–Qui ça?

–Le propriétaire des poires.

Max éclata de rire.

–Ne t'en fais pas, il ne s'apercevra de rien car il y en a beaucoup trop. Et puis, dans la vie, faut savoir partager, pas vrai?

–Peut-être bien.

Lorsqu'ils eurent fait le tour de la propriété et qu'ils arrivèrent en vue de la route qu'ils voulaient atteindre, le jour commençait à poindre. Une légère lueur montait à l'horizon, tandis que les arbres et les buissons dessinaient mieux leurs contours.

–Nous ne sommes plus qu'à quatre kilomètres de Müncheberg, dit Max, mais nous allons être obligés de nous chercher une cachette, jusqu'à la nuit prochaine.

–Parce qu'on ne peut pas marcher sur la route?

–Oui.

– Tu crois qu'on se ferait arrêter ?

– Peut-être pas toi, mais moi sûrement.

– À cause que t'es un Noir ?

– Tout juste. T'en as vu beaucoup, toi, des Noirs en Allemagne ?

– Je sais pas, j'ai toujours été enfermé dans un wagon.

– Eh bien, moi, je le sais. En Allemagne : pas de Noirs.

À nouveau, il eut un rire qui partit comme une fusée.

– Et tu sais pourquoi ?

– Non.

– Parce qu'ils ont peur qu'on les mange tout crus. T'as pas peur de moi, toi ?

– Non. À l'école, j'avais même deux copains qui étaient noirs.

– Je sais, Simon : en France, ce n'est pas pareil.

Juste avant d'atteindre la route, ils découvrirent une petite voie ferrée encaissée au milieu d'un bosquet de sapins. Max s'élança et grimpa sur le remblai. L'enfant le suivit plus difficilement car il était fatigué et sa jambe lui paraissait de plus en plus lourde.

L'aviateur désigna des rondins de bois alignés en bordure de la voie.

–Nous allons nous cacher ici, dit-il. Ça ne vaudra pas ta cabane à foin mais je n'ai pas autre chose à t'offrir. Viens.

Simon le suivit. Ils se faufilèrent entre deux rangées et, quand ils furent arrivés au milieu, Max fit tomber des gros morceaux tout autour d'eux pour les dissimuler à la vue d'un passant éventuel.

–Maintenant, dit-il, il va falloir essayer de nous reposer et de dormir un peu si nous voulons être en forme pour la nuit prochaine.

–Je ne sais pas si je vais pouvoir.

–Pourquoi?

–Parce que j'ai froid. Dommage que je n'aie plus ma veste.

–Qu'en as-tu fait?

–Avec Frida, on l'a enterrée tout près du lac.

–Enterrée?

–Oui, à cause de l'étoile jaune qui y était cousue. Même enlevée, on voyait encore la marque.

Le Canadien ne répondit pas mais il quitta son vêtement de cuir et le lui tendit après avoir pris soin de retirer le revolver de la poche intérieure.

–Tiens, prends ça sur tes épaules.

–Et toi?

–Je n'ai pas froid.

–Bien vrai?

–Puisque je te le dis. D'abord, les gars du Québec n'ont jamais froid.

Simon le remercia puis s'empressa d'enfiler la lourde veste doublée de fourrure. Beaucoup trop grande, elle lui faisait comme un manteau, un manteau chaud et confortable dans lequel il s'enveloppa, puis il s'allongea sur le sol.

–Je crois maintenant que je vais pouvoir dormir, dit-il en fermant les paupières.

Max lui sourit et lui frotta amicalement la tête de sa large main.

–C'est ça, petit bonhomme, dors bien et ne te fais pas de souci. On y arrivera, je te le promets.

•

Plusieurs heures s'écoulèrent et Simon était plongé dans un profond sommeil quand il sentit la main de Max se poser sur sa bouche tandis que sa voix lui murmurait à l'oreille:

–Réveille-toi, et pas un mot.

Il ouvrit les yeux, chercha d'abord à réaliser où il était puis, quand ce fut fait, il interrogea son nouvel ami d'un signe de tête.

– Regarde, lui souffla celui-ci tout en lui recommandant le silence, un doigt sur ses lèvres.

L'enfant se mit debout doucement puis s'approcha d'un espace ménagé entre deux rondins. À quelques dizaines de pas, arrivaient une vingtaine d'hommes vêtus d'un uniforme kaki, coiffés d'un calot de même couleur et accompagnés d'un civil ainsi que d'un soldat allemand ayant un fusil à l'épaule. Certains portaient une hache et d'autres une grande scie.

Ils passèrent tranquillement, tout en discutant entre eux. Simon eut la grande surprise de les entendre parler français.

– C'est qui ? demanda-t-il à Max lorsqu'ils se furent un peu éloignés.

– Sûrement des prisonniers de guerre français.

– Où vont-ils ?

– Je pense que ce sont eux qui coupent le bois. Tiens, regarde.

En effet, ils s'arrêtaient un petit peu plus loin puis pénétraient dans la forêt. Sans se presser, ils se courbaient ensuite au pied des grands sapins et commençaient à les abattre.

–Ils sont comme ça des centaines et des centaines de milliers, dit Max, et il y a trois ans qu'ils attendent la fin de la guerre pour repartir chez eux. Moi, je ferais tout pour échapper à la captivité.

–Ils n'ont pas de filière, eux?

–Non, Simon, ce qu'on peut faire pour quelques-uns est impossible pour un si grand nombre.

–Peut-être qu'il y en a un de chez moi, de Metz.

–Peut-être mais nous ne le saurons pas.

–Dommage qu'on puisse pas leur parler.

–Oui, mais il est préférable de rester cachés. Il y a le civil et le soldat qui les surveillent.

Aux alentours de midi, une alerte les fit trembler. Alors qu'ils finissaient de manger les dernières tartines de Frida – Max avait accepté celle que Simon lui avait offerte – ils entendirent le coup de sifflet d'une locomotive annonçant l'arrivée d'un train. Déjà, au cours de la matinée, deux convois étaient passés. L'un se dirigeait vers Müncheberg et l'autre en venait. Il s'agissait chaque fois de trains ne comprenant que quelques wagons mais bondés de voyageurs. Roulant à allure moyenne, ils avaient secoué la voie et contraint les deux fugitifs à se tasser au fond de leur abri improvisé.

Seulement, cette fois, c'était tout autre chose. La machine avançait lentement et sifflait de façon impérative.

– Qu'est-ce qu'elle a ? interrogea Simon.

– Un signal doit être fermé quelque part et elle demande le droit de passer.

Le train s'approchait d'eux en ralentissant de plus en plus. Ils virent tout de suite qu'il était long, très long, et qu'il n'était pas formé de wagons de voyageurs.

– Un convoi militaire, dit Max.

Il arrivait devant eux, roulant au pas. Ils découvrirent alors qu'il transportait tout un chargement d'engins et de matériel de guerre. Il y avait des chars d'assaut, des autos blindées, des canons, des mitrailleuses. La plupart étaient camouflés sous de grands filets de couleur verte. Çà et là, des soldats casqués et en tenue de campagne étaient installés devant de longues mitrailleuses, prêts à intervenir en cas d'attaque aérienne. L'ensemble sentait l'ordre et la force.

Les freins grincèrent, les wagons s'entrechoquèrent, le train s'arrêta.

– Cornadieu ! jura Max à mi-voix.

Un silence s'établit, seulement troublé par le chant plaintif d'un harmonica dont jouait un soldat quelque part.

Le Canadien et Simon se firent le plus petit possible, les hommes de la *Wehrmacht* ne se trouvant qu'à quelques mètres. Ils les entendaient parler et, à chaque instant, ils pouvaient être découverts. Surtout quand plusieurs soldats sautèrent à terre.

– Ça fait du bien de marcher un peu, dit l'un d'eux.

Un second se dirigea vers le tas de bois. Simon le vit s'approcher et son cœur devint comme fou.

« Mon Dieu, protégez-nous », pria-t-il, tant il avait peur.

L'homme vint près, tout près. Heureusement, il n'avait que l'envie de soulager sa vessie et il ne pensa pas à regarder par-dessus les rondins. Lorsqu'il eut fini, il se retourna vers ses compagnons puis, tranquillement, porta une cigarette à sa bouche et l'alluma. L'odeur du tabac blond vint chatouiller les narines du Canadien et du jeune garçon.

Ainsi, durant une bonne dizaine de minutes, ils demeurèrent tapis au fond de leur cachette, craignant à chaque instant d'être découverts. Enfin la locomotive se décida à siffler pour indiquer que la voie était libre et qu'elle allait repartir. Les soldats s'empressèrent de rejoindre leurs places et le train s'ébranla tout doucement en direction de Müncheberg.

Max se redressa avec précaution et regarda disparaître au loin le dernier wagon.

– Ouf! dit-il, j'ai bien cru qu'on allait être pris.

Simon se mit debout à son tour.

– Un peu plus, et je faisais pipi dans ma culotte.

– Surtout quand l'autre a failli nous le faire sur la tête.

Ils éclatèrent de rire à cette évocation et ça leur fit un grand bien.

Durant tout ce temps, le soleil s'était levé et la chaleur avait fait sa réapparition. L'enfant avait dû quitter la belle veste de l'aviateur et la lui avait rendue. Ils avaient aussi vidé jusqu'à la dernière goutte la bouteille d'eau de Frida et il ne leur restait plus que des poires pour calmer leur faim et étancher leur soif. Simon s'en inquiéta.

– C'est encore loin qu'on doit aller? interrogea-t-il.

– Non. Si tout va bien, nous y serons avant minuit.

– Espérons que la filière existe encore.

– Pourquoi dis-tu cela?

– Parce que ça arrive.

Il précisa le fond de sa pensée:

–Je l'ai lu dans les livres: ça arrive.

Max sourit.

–Peut-être bien que tu lisais beaucoup trop.

–Dis, reprit l'enfant décidément inquiet, tu crois qu'ils voudront bien de moi?

–J'en suis certain, ne t'en fais pas.

–Faudra-t-il que je dise que je suis juif?

–Sûrement.

–Et si je le disais pas?

–On se demanderait pourquoi tu veux partir.

–Oui, c'est vrai ça.

Les heures passèrent. Les prisonniers de guerre français cessèrent de travailler puis se regroupèrent le long de la voie. Le soldat allemand les compta et donna aussitôt le signal du retour. Ils passèrent à nouveau tout près des deux fugitifs qui se recroquevillèrent encore une fois pour ne pas être aperçus.

–Nous attendrons la nuit avant de repartir, dit Max.

•

Quand le moment fut venu, il fit basculer les rondins de bois qui clôturaient leur cachette et les enjamba.

–En route, petit.

Simon ne se fit pas prier car il avait grand besoin de se dégourdir les jambes. Demeurer ainsi toute une journée presque sans bouger lui avait été très pénible.

–Je pense qu'il est préférable de suivre la voie ferrée plutôt que la route, expliqua le Canadien, nous ferons sûrement moins de rencontres. Seulement, il va falloir nous méfier des trains.

–Il n'y en a pas beaucoup.

–Tout de même, ce n'est pas le moment de se faire écraser.

Il se mit à marcher à grandes enjambées comme la nuit précédente et l'enfant eut à nouveau de la peine à le suivre mais il s'était longuement reposé et sa blessure le faisait beaucoup moins souffrir.

–Nous quitterons la voie avant d'arriver à la gare.

–Et c'est où, après, qu'on doit aller ?

–Tu vas bientôt le savoir.

Simon grogna entre ses dents. Pourquoi ne voulait-il pas le lui dire tout de suite ?

Ils levèrent des lapins de garenne qui mangeaient de l'herbe le long des rails et ils firent détaler deux chevreuils qui étaient en train de boire dans une mare. Le gibier ne manquait pas dans la région.

Ils marchèrent ainsi durant près d'une heure puis Max gagna le bas-côté de la voie.

– Maintenant, je peux te le dire, c'est à Müncheberg que je dois joindre mon contact. Il s'appelle Willy Schneider et il possède une entreprise de monuments funéraires et de cercueils.

– Tu sais où il habite ?

– En face de l'église, qu'on nous a dit. Il doit y avoir un dépôt et une pancarte, je suppose. Je suis certain qu'on va le trouver facilement.

– Comment qu'il saura que t'es un vrai aviateur américain ?

– J'ai un mot de passe.

– C'est bien comme...

Il hésita et Max continua pour lui :

– Comme dans les livres, n'est-ce pas ?

– Oui. Et c'est quoi que tu dois dire ?

– « *It's a long way.* » Il s'agit du début d'une vieille chanson anglaise.

Ils sautèrent le fossé qui longeait la voie et se retrouvèrent sur un petit chemin qui leur sembla peu fréquenté car de l'herbe poussait en son milieu. Ils l'empruntèrent sans hésiter et se mirent à marcher tout en prêtant l'oreille au moindre bruit. À la plus petite alerte, ils se jetteraient sur le côté et attendraient. « Le moins de rencontres possible », avait dit Max. Le fait qu'il était un Noir était en effet un danger permanent. Impossible de se faire passer pour un simple habitant. Et puis, si près du but, ce n'était pas le moment de se faire arrêter.

La façade de la gare leur apparut bientôt. Ses lumières teintées de bleu à cause des fréquentes alertes aériennes ne distribuaient qu'un faible éclairage et leur passage en fut favorisé. Aucun train ne devait être prévu à cette heure car l'entrée était déserte et personne n'attendait au-dehors.

– Tout va bien, souffla Max.

Ils franchirent sans difficulté la place de la gare puis se faufilèrent jusqu'au carrefour suivant en longeant les murs. Lorsqu'ils y furent parvenus, le Canadien s'arrêta, se cala dans une entrée de porte et chercha à s'orienter.

– Maintenant, faudrait trouver l'église.

– C'est grand comme ville ?

– Non, deux ou trois mille habitants pas plus. En général, les églises sont situées au centre. Allons par là.

L'un derrière l'autre, ils avancèrent en s'abritant le long des murs et en mettant à profit les coins les plus obscurs. La lune qui s'était levée leur apportait un peu de sa clarté, ce qui leur permettait de lire les panonceaux qu'ils rencontraient. Simon les traduisait tout de suite.

Ainsi, durant un bon quart d'heure, ils déambulèrent dans les rues, cherchant surtout à apercevoir la maison du Seigneur. Ils commençaient à désespérer quand ils entendirent le son d'un accordéon et des voix de personnes qui chantaient.

– On fait la fête quelque part par là, dit Max.

Ils redoublèrent de précautions puis, tout à coup, au bout de la rue, ils découvrirent la masse de l'église qui se détachait dans la nuit.

– La voici ! lança Simon qui sentit un nouveau courage monter en lui.

Le son de l'accordéon et les chants se faisaient plus forts.

– Ça devrait être en face, dit le Canadien.

– Oui, mais d'ici on ne peut pas voir.

– Pourvu que ce ne soit pas chez notre homme qu'on fasse la noce. Il ne manquerait plus qu'on tombe sur un mariage.

– Peut-être bien qu'en s'approchant…

– Sûrement mais, vois, il y a des couples qui se promènent dans la rue. Ce serait risqué que je m'avance avec ma peau noire et ma tenue d'aviateur.

– Moi, je peux, dit l'enfant.

Max hésita.

– Faudrait pas te faire prendre.

Le gamin eut un rire entendu.

– Tu sais, j'suis débrouillard et puis pourquoi qu'ils me prendraient ? Je suis petit et je parle comme eux.

– C'est vrai et ton idée me semble bonne.

– J'ai même envie d'aller trouver les gens de la noce et leur demander s'ils n'auraient pas un gâteau pour moi.

– Sacré garnement, tu serais bien capable de le faire.

Sur ces mots, il l'attira contre lui et le serra amicalement.

– Surtout, pas de blague. Tu fais seulement celui qui passe et tu cherches la maison de notre bonhomme. Après, tu reviens le plus vite possible. Moi, je t'attendrai ici. D'accord ?

– D'accord, Max.

Il s'arracha à l'étreinte amicale et se dirigea vers la place de l'église. Ses fesses tremblaient bien un peu dans sa culotte mais il était tellement fier de sa mission que son courage arrivait à dominer son inquiétude. Et puis, il serrait les poings, croyant plus que jamais à l'efficacité de son remède infaillible. Tout en marchant, il se sentait dans la peau des héros de ses livres et il aurait accompli n'importe quoi.

Sans se cacher le moins du monde, ce qu'il jugeait la meilleure des conduites à tenir, il avança en direction de l'église et, comme un gamin qui fait seulement une promenade nocturne, il regarda tranquillement autour de lui. La musique, les chants provenaient d'une maison qui était en réalité un restaurant. La fête, certainement une noce, avait lieu à l'intérieur mais plusieurs personnes s'étaient installées dehors, visiblement pour profiter de la fraîcheur nocturne. Quelques couples s'étaient égaillés dans la rue et deux amoureux s'embrassaient, appuyés contre un arbre.

Il décida de continuer ses recherches un peu plus loin. Ce fut vite fait. À une vingtaine de pas seulement, il tomba sur un grand panneau sur lequel il put lire grâce à la complicité de la lune : « Willy Schneider, travaux et monuments funéraires ». Il en ressentit une telle joie que ses jambes faillirent se dérober sous lui. Le contact de Max existait bien. À certains moments, il en avait un peu douté mais, cette fois, c'était vrai, bien vrai.

Afin d'en être plus certain encore et sans doute poussé par la curiosité, il voulut s'approcher davantage et même faire quelques pas de l'autre côté du portail de fer demeuré grand ouvert. C'est alors qu'une voix le figea sur place.

– Tu cherches quelque chose ?

Il tourna la tête et aperçut un homme en pyjama qui s'appuyait sur le rebord de sa fenêtre. Sans doute la musique l'empêchait-elle de dormir et il en profitait pour respirer un peu d'air frais.

Que faire ? Tout de suite, il eut la tentation de prendre ses jambes à son cou et de s'enfuir mais il ne le fit pas. La surprise, l'émotion étaient si fortes qu'il se sentait comme paralysé et incapable d'accomplir le moindre mouvement. Et puis, une idée commença de germer rapidement dans sa tête. C'était peut-être la chance qui s'offrait à lui. L'homme recherché était là, il n'avait qu'à lui parler. Dominant son appréhension, il dit :

– Vous êtes monsieur Schneider ?

– Oui.

– Monsieur Willy Schneider ?

– Exact.

– C'est vous qui faites des monuments funéraires ?

– Parfaitement, mais où veux-tu en venir ?

Simon respira un grand coup pour rassembler toutes ses forces. L'instant était crucial.

–Alors c'est vous que je cherche. Je voudrais vous parler, m'sieur.

–Eh bien je t'écoute.

Il fit les quelques pas qui le séparaient de l'homme. L'autre ne bronchait pas.

–Voilà, dit-il, j'ai un ami qui aimerait vous rencontrer.

–Un ami. Quel ami ?

Le gamin ne savait comment s'expliquer.

–Un ami qui a un mot pour vous.

Il hésitait et s'apprêtait à fuir s'il le fallait.

–Qu'est-ce que tu me chantes là ?

Mon Dieu, s'agissait-il bien du véritable Willy Schneider ?

–Oui, m'sieur, il veut vous dire : « *It's a long way.* »

Simon vit l'homme tressaillir et même se retourner une seconde vers l'intérieur de la pièce. Il s'agissait bien de celui qu'il cherchait.

L'autre voulut en savoir davantage. Il l'interrogea :

–Qui es-tu, toi ?

L'enfant se laissa aller :

–Je suis juif, français d'Alsace-Lorraine et je me suis sauvé du train qui a été bombardé. C'est dans les bois que j'ai rencontré Max. Lui, il est un aviateur américain. Du Canada. Seulement, il est noir et il n'a pas pu venir à cause des gens de la noce.

–Noir ?

–Oui, comme ceux de l'Afrique mais il est canadien français.

–Toi, tu parles bien allemand.

–Je suis lorrain, m'sieur, près de la frontière.

Une voix féminine interpella l'homme derrière lui et il lui répondit.

–C'est un petit *Jude*, Greta. Il dit qu'on va avoir un visiteur.

Simon n'entendit pas les paroles de la femme de Willy Schneider mais celui-ci se tourna à nouveau vers lui :

–Deux secondes, petit, et je te fais entrer.

En effet, une porte s'ouvrit presque aussitôt sur le côté de la maison et l'entrepreneur l'appela à mi-voix.

–Par ici, viens.

Il s'empressa de le rejoindre. Toujours en pyjama, l'Allemand l'introduisit dans une grande pièce faiblement éclairée par une lampe disposée dans un coin.

Au milieu : une table imposante et des chaises. Contre le mur, un buffet offrait à la vue ses vitrines garnies de verres.

Une femme fit son entrée en même temps que lui, venant vraisemblablement de la chambre. Elle était petite, plutôt grosse et vêtue d'un peignoir à fleurs qui laissait dépasser le bout d'une longue chemise de nuit rose. Son visage rond, plutôt empâté, ses yeux petits, ses cheveux blancs pris dans de gros bigoudis lui donnaient un aspect sympathique. Elle inspirait la confiance. Tous les deux devaient dépasser légèrement la cinquantaine.

– Comment t'appelles-tu ? interrogea-t-elle.

– Simon.

– Et tu es juif ?

– Oui.

– Tu étais dans le train qui a été bombardé ?

– Oui et, quand il a déraillé, je me suis sauvé. J'ai été un peu blessé à la jambe.

Il montra sa chaussette toujours tachée de sang et le pansement que lui avait confectionné Frida.

– Pauvre petit, dit la femme, si ce n'est pas malheureux !

Ces mots de compassion rassurèrent l'enfant qui comprit que la femme de l'entrepreneur n'était pas de ceux qui voulaient du mal aux Juifs. Au contraire, elle le plaignait. Une nouvelle chance pour lui.

Elle dit en poussant un long soupir :

– Ma sœur était mariée à un Juif. Ces salauds-là les ont arrêtés tous les deux et je ne les ai jamais revus. J'aimais beaucoup ma petite sœur.

Le mari qui était allé dans l'autre pièce pour revêtir des vêtements de jour revint près d'eux. Il intervint aussitôt :

– Ce n'est pas tout ça, où est-il ton aviateur ?

– De l'autre côté de la place de l'église.

– Bien, voilà ce que nous allons faire : tu vas sortir tranquillement d'ici et puis aller le trouver comme si de rien n'était. Moi, je te suivrai à distance pour qu'on ne soit pas vus ensemble. Ne t'occupe pas de moi, ne te retourne pas. Compris ?

– Oui, m'sieur.

– Eh bien, allons-y.

Une fois dehors, Willy Schneider mit sa main sur l'épaule de l'enfant et le poussa vers l'arrière de la maison.

– Par ici, il est préférable qu'on ne te voie pas sortir de chez moi.

Ils traversèrent d'abord une cour dont le gravier crissa sous leurs pieds puis un long dépôt de pierres tombales alignées comme à la parade. Sous la clarté lunaire, les croix avaient un aspect sinistre. Ils sortirent par une porte située tout au fond.

–Prends cette petite rue, tu éviteras ainsi les gens de la noce.

Simon ne se fit pas prier. Il marcha à grands pas, heureux d'aller annoncer la bonne nouvelle à son ami. Sûrement qu'il commençait à trouver le temps long.

Lorsqu'il arriva au bout de la rue, l'enfant jeta un regard furtif derrière lui. La silhouette de celui qui allait les sauver longeait les murs. Tout allait pour le mieux.

Pourvu que Max ne soit pas parti !

Il n'en était rien heureusement et la haute stature du Noir se détacha d'un seul coup de l'encoignure de la porte.

–Eh bien, qu'est-ce que tu foutais ?

–Je l'ai trouvé, Max, et il vient nous chercher.

–Quoi ?

–Oui, il était à sa fenêtre et je ne l'avais pas vu quand il m'a interpellé. Alors, moi, je lui ai dit le mot de passe. J'ai bien fait, pas vrai ?

Sans attendre la réponse, il ajouta, fier de lui :

– Je suis même entré dans sa maison et j'ai parlé à sa femme.

– Toi alors !

Ils entendirent un bruit de pas et ils virent l'homme arriver discrètement vers eux.

– Tiens, le voici !

L'Allemand s'approcha de Max et lui parla en anglais.

– C'est vous l'aviateur ?

– Oui.

– Le gosse m'a dit. Suivez-moi à distance et tâchez de ne pas vous faire voir. À la moindre alerte, disparaissez dans la nuit.

– D'accord.

Willy Schneider fit demi-tour et reprit le même chemin en sens inverse.

– Qu'est-ce qu'il t'a dit ? interrogea Simon qui n'avait rien compris de la conversation.

– Simplement qu'on le suive.

L'Allemand les attendait devant l'entrée de son dépôt.

– Venez, leur dit-il.

Ils lui emboîtèrent le pas et pénétrèrent à sa suite à l'intérieur d'un hangar où étaient installés plusieurs machines de menuiserie de même qu'un amoncellement de cercueils qu'il éclaira à l'aide d'une torche électrique. Simon en eut un long frisson dans le dos.

– Vous passerez la nuit ici et je viendrai vous chercher avant le lever du jour. Les ouvriers arrivent à huit heures et il ne faut pas qu'ils vous voient. Vous n'aurez qu'à vous coucher sur le tas de copeaux. Je sais que ce n'est pas confortable mais je ne peux pas vous héberger chez moi : c'est trop dangereux. Pour le cas où la police viendrait ici, ce qui est très improbable mais possible, je dirai que je ne vous ai jamais vus, que j'ignore tout de vous et que vous êtes venus ici sans que je le sache. Je pense que vous comprenez pourquoi.

– Parfaitement.

– Nous sommes bien d'accord sur ce point ?

– Tout à fait.

À ce moment, l'épouse de Willy Schneider entra à son tour dans le hangar, une marmite fumante aux mains.

– J'ai pensé que vous deviez avoir faim, dit-elle, et je vous ai fait chauffer un peu de ragoût. Je suis certaine que vous l'aimerez.

Elle installa la marmite sur une table et y déposa également une boule de pain, des fourchettes, des verres et une bouteille d'eau.

– C'est tout ce que je peux vous offrir, s'excusa-t-elle.

La brave femme, ils l'auraient embrassée de reconnaissance !

– Oh merci, merci beaucoup.

La conversation avait eu lieu en allemand et Simon l'avait traduite à Max au fur et à mesure. Toutefois, il demeurait inquiet à son sujet. Pas un seul instant, on n'avait parlé de lui. Il s'adressa à l'Allemand :

– Vous m'emmenez aussi, n'est-ce pas ?

L'autre eut un instant d'hésitation.

– En général, l'organisation ne se charge que des aviateurs alliés…

L'enfant sentit une grosse boule lui étreindre la gorge. Heureusement, l'entrepreneur poursuivit :

– Cependant, il ne devrait pas y avoir de problème.

Son épouse sentit le drame qui se jouait dans la tête du petit.

– Il n'y en aura pas, moi, je te le promets. Toi aussi, tu seras bientôt libre.

Il se sentit revivre :

–Oh merci, merci madame.

Fermant les yeux, il murmura en lui-même : « Merci beaucoup mon Dieu. »

–Maintenant, si vous voulez être en forme demain matin, mangez et dormez vite, reprit-elle en essuyant une larme qui perlait à ses paupières.

L'aviateur souleva le couvercle de la marmite. Des boulettes de viande avec des pommes de terre ! Un véritable festin pour les deux fugitifs !

Max et Simon ~~pe~~ marchent pdt 2 j. puis enfin découvrirent l'homme qui pouvait les aider : Willy Schneider -

6

Le jour commençait tout juste à poindre quand Willy Schneider ouvrit la porte du hangar et pénétra à l'intérieur. Il prit grand soin de la refermer derrière lui avant de se diriger vers le tas de copeaux où Max et Simon dormaient comme des bienheureux. L'enfant s'était recroquevillé sur lui-même comme un jeune chien et, machinalement, il avait introduit son pouce dans la bouche, preuve qu'il n'était encore qu'un tout-petit. Max, quant à lui, avait presque disparu au sein des copeaux et seule sa tête en émergeait. Il avait la bouche ouverte et ses dents faisaient une tache blanche dans le noir de son visage.

L'Allemand se pencha vers eux, sa torche électrique allumée à la main et se mit à les secouer.

–Réveillez-vous, il est temps de partir.

Il avait décidé de s'exprimer dans sa propre langue car ses connaissances en anglais étaient limitées et il avait la chance d'avoir en Simon un bon interprète.

Pendant que le Canadien et le gosse s'efforçaient d'ouvrir les yeux puis de se lever, il déposa sur la table une cruche pleine de café ersatz, de même que deux bols et la moitié d'une boule de pain.

–Maintenant, dit-il tout en mangeant et en buvant, écoutez-moi bien. Je vais vous conduire directement à Berlin où une autre personne vous prendra en charge pour une nouvelle étape.

Max s'étonna :

–À Berlin ?

–Oui.

–Dans une si grande ville où il doit y avoir de nombreux policiers, n'est-ce pas dangereux ?

–Si, mais pas plus qu'ailleurs. Au contraire, on passe plus facilement inaperçu au milieu de la foule. Certes, ce que je fais est très dangereux mais ne vous inquiétez pas, vous ne voyagerez pas au vu et au su de tout le monde car vous allez tout simplement vous introduire à l'intérieur de l'un de ces cercueils que je dois livrer. Avec ces bombardements presque journaliers, on a besoin de nombreux cercueils dans la capitale et j'ai l'habitude d'en véhiculer presque chaque jour. Personne n'ira penser que je transporte à l'intérieur de deux d'entre eux un aviateur américain et un petit garçon juif qui s'est échappé d'un train de déportés. Ça vous va ?

Max éclata de rire. Voyager à l'intérieur d'un cercueil lui faisait l'effet d'une bonne blague. Jamais il n'aurait pensé à une telle astuce. De quoi en rigoler, non ? Il en avait inventé une bonne, ce Willy Schneider !

– Tu parles si ça me va, dit-il en s'esclaffant, j'irais comme ça jusqu'au bout du monde.

Il n'en fut pas de même pour Simon. S'introduire dans un cercueil et s'allonger dedans l'effrayait au plus haut point.

– Je pourrai pas, dit-il.

L'Allemand fronça les sourcils.

– Quoi, qu'est-ce que tu pourras pas ?

– Me coucher là-dedans.

– Pourquoi ?

– J'aurai trop peur. Je croirai qu'on veut m'enterrer vivant.

Max essaya d'intervenir :

– Voyons, Simon, tu ne crains absolument rien, on t'en sortira à l'arrivée.

– Oui, mais si on m'oubliait ?

– Ce n'est pas possible.

– Oh si !

– Allons, sois raisonnable.

L'enfant était au bord de la crise de nerfs.

– Je peux pas, je peux pas, je serai mort au bout de cinq minutes !

Willy Schneider commençait à s'impatienter :

– Écoute-moi bien, c'est le moyen le plus sûr et il n'y en a pas d'autres. C'est cela ou tu restes.

Mon Dieu, ce n'était pas possible, on n'allait pas partir sans lui ! Pourtant, il savait qu'il ne pourrait pas entrer dans un cercueil et qu'on visserait le couvercle au-dessus de sa tête. Comme s'il était mort. D'abord, il étoufferait, c'était certain, et puis, qui sait si ce n'était pas encore un mauvais tour qu'on voulait lui jouer. Il en avait tant subi. Tout cela parce qu'il était juif et que presque tous les Allemands voulaient la mort des Juifs. Peut-être bien que celui-ci était comme tous les autres.

Les idées se bousculaient dans sa tête et il devait trouver au plus tôt une solution.

–Pardon, monsieur Willy, dit-il, mais moi, ce n'est pas pareil.

–Comment ça?

–Lui, Max, il peut pas voyager au grand jour. D'abord, parce qu'il est noir, qu'on le reconnaîtrait tout de suite et qu'il a un costume d'aviateur américain. Mais moi, je suis comme tous les enfants allemands et je parle comme eux. On ne voit pas que je suis juif. Alors, je pourrais être votre cousin.

Il venait de se souvenir de l'idée de Frida.

–Oui, je pourrais m'appeler Erich et être venu de Cologne pour vous rendre visite et passer quelques jours de vacances. Si j'étais assis à côté de vous dans le camion, personne ne le remarquerait. Au contraire, votre cousin à côté de vous, ce serait normal.

L'Allemand ne répondit pas sur-le-champ. Il réfléchissait. Dans le fond, c'était juste ce que lui disait le gamin. Même, il deviendrait ainsi un élément supplémentaire de sécurité. Généralement, on n'emmène pas un enfant avec soi lorsqu'on veut transporter clandestinement un ennemi de son pays. Et puis, il le comprenait, le petit, de ne pas vouloir se laisser enfermer dans un cercueil.

–Bon, ça va, dit-il, j'accepte que tu sois mon cousin pour un jour.

Simon bondit de joie et lui sauta au cou pour l'embrasser.

–Oh merci, m'sieur Willy, vous êtes réellement chic.

Le brave homme en était tout ému.

–Allez, maintenant, dépêchons-nous, nous n'avons plus de temps à perdre.

Max et Simon mangèrent en vitesse leur pain et burent leur café aussi rapidement puis ils s'empressèrent d'aider l'entrepreneur à entasser des cercueils dans sa camionnette. Max s'allongea dans l'un d'eux et le couvercle fut vissé sur lui, en laissant toutefois un espace pour qu'il puisse respirer. Il riait, le grand Noir, en se couchant entre les planches de sapin mais l'enfant crut discerner qu'il se forçait un peu.

–On part, dit Willy.

Le gosse sauta sur le siège à côté du conducteur et referma rapidement la portière. Le moteur ronfla et ils furent bientôt sur la route de Berlin.

–Alors, on est bien d'accord, dit l'Allemand, tu es mon petit cousin Erich et tu viens de Cologne pour passer chez moi quelques jours de vacances.

–J'suis prêt à le jurer, m'sieur Willy.

– Parfait.

Ils avaient parcouru les cinquante kilomètres qui séparent Müncheberg de Berlin et ils allaient emprunter la *Frankfurter Allee* quand, à la sortie d'un virage, ils se heurtèrent à un barrage. Des policiers en uniforme et armés de mitraillettes leur firent signe de s'arrêter.

– Qu'est-ce que c'est ? interrogea Simon, soudain inquiet.

– Un contrôle, répondit Willy Schneider. Ne crains rien, petit, tout va bien aller, j'ai l'habitude, mais, surtout, reste calme. Pas de panique.

Il frappa cependant trois fois comme convenu dans la cloison qui séparait l'avant du véhicule de l'arrière. Cela pour prévenir Max.

Un policier se présenta à la portière et salua :

– Vos papiers, s'il vous plaît.

Simon en avait des sueurs froides. S'il demandait les siens, il n'en possédait aucuns. Mais peut-être que les enfants allemands n'avaient pas besoin d'en avoir.

L'homme examina les pièces que lui présentait l'entrepreneur puis il demanda :

– Vous transportez quoi ?

– Des caisses, répondit l'interpellé en riant.

– Pourquoi riez-vous ?

– Parce que ce sont des caisses spéciales que je livre à Berlin de toute urgence.

– On peut voir ?

– Tout à fait d'accord.

S'adressant à Simon, il dit en lui tendant une clé :

– Tiens, Erich, va donc ouvrir la porte à ces messieurs.

L'enfant n'en revenait pas. L'instant lui semblait pathétique, plein d'angoisse, et Willy Schneider le prenait à la rigolade. C'était peut-être y aller un peu fort. Si jamais les policiers s'avisaient d'ouvrir les cercueils !

Il s'empressa cependant, tout en se gardant de faire apparaître son inquiétude. Suivi de l'homme et de son adjoint, il se dirigea vers l'arrière de la camionnette. Pourvu que Max ne se soit pas endormi et ne ronfle pas !

C'est tout en tremblant qu'il introduisit la clé dans la serrure, qu'il la tourna et qu'il ouvrit la porte.

– *Ach Schweinerei !* s'exclama aussitôt le plus gradé en repoussant le battant.

Ils repartirent et entrèrent bientôt à l'intérieur de la capitale allemande. Simon découvrit avec stupéfaction l'étendue des dégâts causés par les bombardements alliés. Les ruines succédaient aux ruines et ce qui était le plus frappant, c'était les cheminées demeurées intactes qui se dressaient vers le ciel comme pour le supplier d'arrêter le massacre. Au milieu de ce désastre, les tramways passaient à des allures folles, dansant et bringuebalant à qui mieux mieux.

L'entrepreneur connaissait parfaitement son chemin. Après avoir tourné plusieurs fois dans des petites rues souvent encombrées de gros amas de briques rouges, il arriva près d'un canal où étaient arrimées de nombreuses péniches. Il s'arrêta auprès de celle qui portait fièrement le nom de *Siegfried* et qui paraissait toute neuve dans son bel habit de peinture blanc et bleu.

– C'est ici que nous allons, dit-il.

Tous deux descendirent de voiture mais Simon demeura sur le quai tandis que l'Allemand montait sur la péniche et appelait à l'intérieur :

– Peter, Peter !

Visiblement, il n'y avait personne. Willy Schneider revint sur le quai puis regarda autour de lui, espérant apercevoir l'homme dont il avait besoin. Comme il ne le voyait nulle part, il se dirigea vers la péniche voisine et interrogea un grand gaillard coiffé d'une casquette de marin qui y travaillait :

– Pardon, vous ne sauriez pas où se trouve Peter Strausberg ?

L'autre regarda sa montre.

– À cette heure-ci, il est sûrement chez Lily.

Apparemment, Willy Schneider savait qui était Lily. Sans rien dire, il se décida à aller lui rendre visite et Simon lui emboîta le pas sans plus de façon. Il était son cousin, pas vrai ?

Ils contournèrent des fûts de pétrole, enjambèrent des cordages, traversèrent une petite rue et se trouvèrent en face d'un café d'assez mauvaise allure aux volets peints d'un bleu violent. Au-dessus de la porte, une enseigne : « Chez Lily ».

Au moment de pénétrer à l'intérieur, l'Allemand se tourna vers l'enfant.

– Toi, tu restes ici et tu m'attends.

C'était on ne peut plus impératif et le petit Lorrain ne se le fit pas dire deux fois. Toutefois, dès que la porte fut refermée, il s'empressa de regarder à travers la vitre. La salle était petite mais bourrée d'hommes, vêtus pour la plupart d'un pantalon de toile rouille et d'un gilet de corps. Beaucoup étaient coiffés d'une casquette de marin soit bleue, soit de la même couleur que leur pantalon. Quelques-uns fumaient la cigarette mais la plupart tiraient sur de courtes pipes genre brûle-gueule. Le plafond était bas et sale. Sur les murs, jadis blanchis à la chaux, un peintre amateur avait croqué des scènes bucoliques et grossières. Derrière le comptoir, une femme promenait sa poitrine opulente et son visage fardé à l'extrême.

Willy Schneider se dirigea vers une table où était assis un gros homme à la face rubiconde, mal rasé et aux yeux bouffis sous des sourcils en broussaille. L'autre le reconnut, lui tendit la main, puis fit signe à la patronne d'apporter deux nouveaux verres, ce qu'elle s'empressa de faire. Pour celui qui devait être Peter, elle déposa même sur la table un petit verre d'alcool que l'intéressé s'empressa de verser dans sa bière, non sans y avoir goûté au préalable du bout des lèvres.

Ils trinquèrent, burent lentement puis se mirent à parler. Simon aurait bien voulu entendre ce qu'ils disaient car il devait être question de Max et de lui. S'il avait bien compris, leur sort allait dépendre maintenant de ce personnage qui avait plutôt l'aspect d'un ivrogne. La perspective lui paraissait peu réjouissante.

Il se retira rapidement de son poste d'observation car les deux Allemands s'étaient levés et se dirigeaient vers la sortie. Dès qu'ils furent dehors, le gros homme alla vers lui et l'interpella, tout en lui passant amicalement la main dans les cheveux.

– Alors, c'est toi le petit *Jude* qui veut fuir l'Allemagne nazie ?

– Ben oui, m'sieur, répondit-il, un peu embarrassé devant une question si directe posée dans la rue sans précaution aucune.

– Tu as bougrement raison, mon bonhomme, et on va tout faire pour te mener à bon port, foi de Peter Strausberg.

Celui qui devait être le patron de la *Siegfried* empestait l'alcool et le tabac, titubait un peu en marchant mais la déclaration qu'il venait de faire le rendit immédiatement très sympathique au jeune garçon.

– Merci beaucoup, m'sieur.

Lorsqu'ils arrivèrent à la péniche, l'homme le poussa en avant pour lui faire franchir le premier la passerelle puis le fit pénétrer dans la cabine de pilotage. Contrairement à ce qu'on aurait pu supposer en voyant l'aspect plutôt délaissé du maître, à bord, tout était d'une propreté méticuleuse et les cuivres nombreux qui ornaient les boiseries brillaient comme des sous neufs.

– C'est vraiment chouette, dit l'enfant émerveillé en portant la main sur la grande roue du gouvernail et en dévorant des yeux les instruments de bord.

–Et maintenant, reprit le patron, tu ne bouges pas d'ici pendant qu'on va chercher ton copain.

Simon fit un signe affirmatif et alla s'asseoir sur la banquette de bois la plus proche. Intrigué de voir comment les deux Allemands allaient s'y prendre pour faire passer Max de la camionnette à la péniche sans attirer l'attention de quelques curieux, il s'empressa de regarder à travers la vitre de la cabine.

Ce fut vite fait. Willy Schneider s'installa d'abord au volant de la voiture, lui fit effectuer un demi-tour puis recula jusqu'à l'extrême limite du quai. Il ouvrit ensuite tout grands les deux battants de la porte arrière qui allaient servir ainsi de paravent. Max fut alors extrait de son cercueil et invité à se précipiter sur la passerelle jusqu'à la cabine. Sans doute engourdi par son séjour dans ce que Willy Schneider appelait des caisses spéciales, il faillit s'écrouler en arrivant, ayant simplement oublié les deux marches de bois qui permettaient d'y accéder. Ce fut Peter Strausberg qui le reçut dans ses bras.

–Ohé, l'ami, serait-ce l'odeur du sapin ou bien que vous n'auriez pas le pied marin ?

Et il éclata d'un rire épais qui faisait comme un gargouillis dans sa gorge.

Simon préféra ne pas traduire la réflexion et présenta leur nouvelle connaissance.

– C'est Peter Strausberg, dit-il simplement.

Il ajouta aussitôt :

– C'est lui qui va s'occuper de nous maintenant.

Max, visiblement mal remis de son voyage, chercha d'abord un point d'appui pour assurer son équilibre puis, dans un large sourire qui dévoila ses grandes dents blanches, il tendit sa grosse main au patron de la *Siegfried* et dit :

– *O.K. Peter, thank you, I'm Max.*

L'autre la lui serra cordialement, lui fit signe de s'asseoir près de son jeune ami puis se dirigea vers un placard qu'il ouvrit.

– Maintenant, mon gars, sûrement que t'as soif et que tu boiras bien une bière après ta promenade entre quatre planches.

Comme l'entrepreneur de monuments funéraires venait de les rejoindre, il s'adressa à lui :

– Toi aussi, pas vrai Willy ?

L'intéressé refusa poliment :

– Non, merci Peter, il faut que je me sauve car mes clients ne peuvent pas attendre.

Visiblement, il avait hâte de s'éloigner. Il serra les mains de tous puis s'en retourna vers sa camionnette. Max accepta la bouteille de bière qui lui était tendue et, tandis qu'il la débouchait, il murmura à l'oreille de Simon :

– Tu crois qu'avec celui-là ça va marcher ?

Effectivement, leur nouvel ange gardien n'affichait pas la même discrétion que l'homme de Müncheberg. De toute évidence, sa grande préoccupation était de ne manquer ni de bière ni d'alcool et le petit placard en était rempli du bas jusqu'en haut.

Lorsqu'il eut vidé sa bouteille, il la jeta dans un seau qui lui servait de poubelle et déclara à brûle-pourpoint :

– Nous appareillerons demain matin dès le lever du jour.

Simon servit à nouveau d'interprète et la conversation eut lieu aisément.

– Où allons-nous ?

– En Suède.

– En Suède ?

– Tout droit en passant d'abord par Stettin. Je livre du charbon et je ramène de l'acier. L'acier suédois, vous connaissez ? Le meilleur du monde. Pour la guerre, c'est celui-là qu'il faut.

Il précisa après avoir craché par terre en signe de mépris :

– Ce qui n'empêchera pas les Allemands de la perdre. Ah oui, faut que je vous dise, moi, je suis autrichien. De Sankt Pölten. Un pays où l'on vivait bien en paix avant qu'ils arrivent.

– C'est pour ça que vous…

– Oui et pour ce qu'ils ont fait à ma famille. Mon frère tué en Pologne et mon fils disparu à Stalingrad. Maudits soient les cochons.

Sur ces mots, l'Autrichien s'empara d'une bouteille de schnaps et s'en servit une bonne rasade qu'il avala d'un seul trait.

Il eut ensuite un hoquet puis demeura plongé dans un profond silence, assis sur un tabouret, les mains posées sur les genoux, la tête penchée en avant et le regard perdu.

Max et Simon n'osaient dire une parole. Ils se regardèrent, émirent tous les deux une moue qui en disait long sur ce qu'ils pensaient et attendirent.

Près de cinq minutes plus tard, l'Autrichien releva la tête, les regarda, un bon sourire aux lèvres, se leva sans difficulté et leur dit le plus aimablement du monde :

– Il faut que je vous présente vos appartements.

Il ouvrit une porte puis pénétra dans une petite pièce aménagée avec goût et d'une propreté impeccable. Il s'agissait en fait d'une cuisine-couchette avec un évier et son réservoir d'eau au-dessus, une cuisinière à gaz, un placard à deux battants ainsi qu'un meuble-couchette comportant quatre grands tiroirs sous le lit proprement dit. Le tout verni et astiqué que c'en était une merveille.

– C'est ici que je vis, qu'en pensez-vous ?

– On y passerait des vacances, répondit Max avec un sifflement admiratif.

– C'est drôlement beau, assura Simon qui ne se lassait pas d'admirer.

– Hélas, poursuivit Peter Strausberg, pour vous, c'est nettement moins bien mais vous n'y demeurerez que peu de temps.

Il fit deux pas en direction de la cloison du fond puis il appuya sur une planche qui bascula, découvrant ainsi une étroite ouverture. De l'autre côté, ils aperçurent un espace vide, noir et sentant l'humidité. L'enfant en eut un frisson de frayeur.

– C'est le fond de la cale, dit le patron de la péniche. Au-dessus, il y a des dizaines de tonnes de charbon. Ce n'est pas du tout confortable mais personne n'ira vous chercher là-dedans.

Il leur tendit une lampe électrique.

– Tenez, allez donc y faire un tour.

Max s'engagea le premier, suivi aussitôt de Simon. Une courte échelle les conduisit dans un réduit aménagé tout au fond de la péniche, assez large mais ne faisant guère plus d'un mètre de hauteur, d'où l'impossibilité d'y demeurer debout. Le sol était le fond métallique du bateau et le plafond une autre voûte de fer qui devait supporter le charbon. L'ensemble était froid, sinistre et sentait mauvais.

– Pas mieux que le cercueil, dit Max.

L'enfant ne put retenir sa pensée :

– Jamais je pourrai rester là-dedans.

Deux paillasses et des couvertures avaient été étendues sur des châlits de bois tandis qu'une caisse renversée servait de table. Dessus, on y avait déposé une lampe tempête à pétrole. Enfin, dans un coin, se trouvaient une bonbonne pleine d'eau et deux verres déposés sur une planche.

Le Canadien s'étendit sur une des paillasses.

–On tiendra le coup, petit, je te dis qu'on le tiendra.

Simon s'assit à son tour sur l'autre lit et se prit la tête entre les mains. Soudain, il se sentait très fatigué et il avait beaucoup de peine à retenir ses larmes. Que d'événements et de malheurs depuis une dizaine de jours ! Un mot lui vint aux lèvres : « Maman ! »

La tête de l'Autrichien s'encastra dans l'ouverture en haut de l'échelle.

–Ça ira quand même ? interrogea-t-il.

–Oui, m'sieur, répondit le gosse.

–Parfait. Je vais vous passer de quoi manger ainsi que quelques bouteilles de bière car il vaut mieux que vous restiez ici jusqu'à demain matin : je pourrais avoir des visites pour préparer le départ.

La planche fut refermée dès qu'ils eurent reçu un panier contenant quelques provisions : du pain, un saucisson et un fromage qui empestait le poisson. Le vieux Peter n'avait pas oublié non plus trois bouteilles de bière.

Ils se retrouvèrent dans l'obscurité. Heureusement, Max possédait un briquet pour allumer la lampe à pétrole qui éclaira d'une lumière tremblante leur nouvelle résidence et allongea leur ombre.

–C'est pas chouette, dit Simon.

–On se croirait dans un cachot mais tu vas voir qu'on va s'y faire. L'essentiel est de penser que la liberté se trouve au bout.

–Ouais.

–La liberté et la vie, c'est cela qu'il faut te dire.

–J'ai froid.

–Prends une couverture et enveloppe-toi dedans.

L'enfant lui obéit.

–Elle est mouillée.

–Ça ne fait rien, elle va te réchauffer quand même. Tiens, on va plutôt manger un morceau de saucisson.

–J'ai pas faim.

–Il faut manger cependant.

Max s'empara du saucisson, en coupa un bon morceau et le lui tendit.

–Tiens, croque-moi ça et dis-toi que c'est le saucisson de la libération.

–Merci Max, t'es un chic type.

Assis l'un en face de l'autre au pied de leur lit, la tête touchant presque le plafond froid, ils mangèrent pour garder leurs forces et surtout pour occuper le temps qui allait leur paraître bien long.

Très souvent, au cours de l'après-midi, l'aviateur regarda sa montre et indiqua les heures. Elles leur parurent interminables. À plusieurs reprises, ils entendirent des bruits de pas et de conversations de l'autre côté de la cloison. Même parfois des éclats de rire. L'Autrichien devait recevoir des visiteurs pour préparer son voyage et il leur offrait vraisemblablement de la bière et du schnaps. Peut-être s'agissait-il de douaniers et de policiers. Aucun d'eux ne se doutait qu'un aviateur américain et un petit Juif étaient cachés à quelques mètres seulement. Dans ces moments-là, les deux fugitifs observaient le silence le plus complet. Leur hôte ne leur avait pas menti et ils reprenaient confiance.

Ils s'étaient endormis depuis longtemps quand ils furent réveillés par un bruit de sirènes qui leur parvenait comme étouffé mais bien réel. Max s'assit sur son lit et regarda sa montre.

– Tout juste minuit, dit-il.

La lampe continuait de les éclairer de sa lumière falote.

– Qu'est-ce que c'est ? interrogea l'enfant.

– Sûrement une alerte aérienne. Nous sommes à Berlin, ne l'oublions pas.

– On fait quoi ?

– Je ne sais pas.

Au même instant, ils entendirent des pas se précipiter dans la cuisine-couchette et la planche qui masquait l'entrée de leur refuge bascula. La tête de l'Autrichien leur apparut.

– *Fliegeralarm* ! dit-il, sortez de là-dedans.

Ils s'empressèrent de suivre son conseil et ils se retrouvèrent dans la pièce en quelques secondes. Elle était plongée dans une obscurité totale et la lampe électrique que l'Autrichien tenait à la main était teintée de bleu.

– La radio annonce une formation importante de bombardiers et ça va sûrement chauffer dans une dizaine de minutes. Moi, je dois me rendre impérativement dans l'abri du port. Quant à vous, il est préférable que vous demeuriez ici plutôt que dans votre trou. En cas de coup dur, il vous serait plus facile de gagner le quai et de disparaître dans la nuit. Compris ?

– Compris et d'accord, dit Max par l'intermédiaire de Simon.

–Surtout, ne bougez pas et n'allumez pas la moindre lumière car il y a toujours des patrouilles de police qui se promènent.

–Entendu.

–Parfait, je me sauve. À tout à l'heure.

Le Canadien et le petit Français se retrouvèrent seuls. Après le hurlement des sirènes, le silence s'établit d'abord sur la ville plongée dans une nuit totale puis, au bout de quelques minutes, ils entendirent un ronflement de moteur, faible au début puis de plus en plus perceptible.

–L'éclaireur, dit Max qui s'y connaissait en la matière.

Brusquement, de puissants phares s'allumèrent et se mirent à fouiller le ciel.

–Regarde!

L'enfant s'approcha de la baie vitrée.

–C'est comme de longs pinceaux!

Les phares trouaient la nuit, se frôlaient, se croisaient et cherchaient. D'un seul coup, ils s'arrêtèrent et se fixèrent sur une minuscule silhouette aux ailes déployées.

–On dirait un papillon!

Aussitôt la *Flak* (canons antiaériens) se mit à tirer et le «papillon» fut entouré de gerbes d'étincelles.

–Un vrai feu d'artifice ! s'exclama Simon.

–Oui, répondit Max, mais un feu d'artifice qui tue.

–Qu'est-ce qu'on entend ?

Un grondement un peu semblable à celui d'un orage commençait à envahir la nuit.

–Ce sont les bombardiers qui approchent.

Soudain, quatre boules rouges s'allumèrent dans le ciel.

–Oh dis, c'est quoi ?

–L'éclaireur vient de délimiter le lieu à bombarder.

Quelques secondes plus tard, dans un vacarme infernal, commença un nouveau bombardement de Berlin. Ça explosait, ça éclatait de tous côtés aussi bien en l'air que sur terre. Le sol en tremblait et les immeubles touchés se mettaient à brûler, éclairant la nuit. Max et Simon voyaient des maisons s'effondrer et disparaître dans des nuages de poussière illuminés de lueurs rouges.

–Max, j'ai peur.

–Ne crains rien, ce n'est pas pour nous.

–Si la péniche était touchée ?

–Elle ne le sera pas.

–Et si le vieux Peter était tué, qu'est-ce qu'on deviendrait ?

– N'y pense pas.

– T'aurais une autre adresse ?

– On se débrouillerait.

– Nous aussi, on pourrait être tués.

– Tu rigoles, non ? Et notre chance, tu en fais quoi ?

Vingt minutes pas plus. Vingt minutes qui semblèrent une éternité. Au bout de ce temps, les avions partirent, le calme revint et les sirènes sonnèrent la fin de l'alerte. Berlin pouvait retourner dormir.

L'Autrichien réapparut, le brûle-gueule à la bouche et un rictus sur son visage.

– C'est le quartier de la gare d'Anhalt qui a dégusté, dit-il simplement. Maintenant, tout le monde va se coucher car au petit jour c'est le départ pour la Suède.

Ils obéirent sans dire un mot et se retrouvèrent dans le froid de leur refuge. À la seule lueur de la lampe électrique de Max, ils s'enroulèrent dans leurs couvertures humides et s'efforcèrent de dormir à nouveau.

La grande fatigue qu'il ressentit après tant d'émotion et de crainte aida beaucoup Simon à trouver le sommeil et il lui sembla qu'il venait tout juste de fermer les yeux quand un bruit de moteur fit tressaillir la péniche et le réveilla. Durant un instant, il peina à réaliser où il était puis, quand ce fut fait, il s'assit sur son lit.

–Max, tu entends ?

–Oui.

–Peut-être bien qu'on va partir.

Le Canadien alluma sa lampe, regarda sa montre.

–Cinq heures. Cette fois, je crois que ça y est.

Ils entendirent marcher dans la cuisine-couchette puis la planche qui leur servait de porte bascula, laissant apparaître la tête de l'Autrichien.

–Ça va là-dedans ?

–Oui, m'sieur.

–Viens, petit, chercher du café chaud, ça vous fera du bien.

Il ne se le fit pas dire deux fois. En deux bonds, il se retrouva au sommet de l'échelle puis dans la pièce qu'un rayon de soleil commençait à éclairer. Il s'en remplit les yeux et aspira du même coup une grande lampée d'air frais.

–Tiens, c'est là, ainsi que du pain et de la confiture. Prends le tout et replonge en vitesse.

Il parlait sans détour, le vieux Peter mais, mon Dieu, que ses paroles étaient agréables à entendre ! Et puis, du café chaud et de la confiture, quelle aubaine !

Max et lui s'en mettaient plein l'estomac quand ils entendirent le moteur se lancer à plein régime ; ils sentirent la péniche frémir puis se mettre à se balancer.

–Ça y est, on part !

Ils voyagèrent ainsi durant deux jours et une nuit. Pour les deux clandestins, pour Simon surtout, le trajet fut pénible. Le mouvement de la péniche lui donnait mal au cœur et il vomit à plusieurs reprises. Il ne lui était plus possible d'avaler la moindre nourriture et l'eau lui donnait des nausées tant elle avait un goût fétide. Elle avait dû séjourner trop longtemps dans la bonbonne. Max n'avait pas à supporter cet inconvénient car il se rabattait sur les bouteilles de bière.

Il y eut des arrêts, des passages d'écluses, des visites aussi dans la cuisine-couchette et même, une fois, des éclats de voix. À chaque instant, ils redoutaient de voir apparaître des policiers ou des soldats armés.

Heureusement, il n'en fut rien. L'Autrichien ne leur rendit que de courtes visites, juste pour leur apporter de quoi manger. Au début de la seconde nuit, l'enfant qui n'y tenait plus se hasarda à lui demander :

–Je pourrais pas sortir un peu, m'sieur ?

La réponse fut négative.

– Non, mon gars, c'est trop dangereux ici, nous sommes à quai et il y a des gens partout. Tiens ferme, plus qu'une nuit à passer et tu pourras respirer l'air de la mer.

Le gosse s'allongea de nouveau sur son lit et chercha un sommeil qui le fuyait.

Enfin, au petit jour, ils sentirent la péniche tanguer et rouler dans un mouvement lent et mou. Max se dressa sur sa couche et alluma sa lampe électrique.

– Simon, on est en mer !

Celui-ci ne répondit pas tant il avait mal au cœur. Il était assis sur son lit, une main crispée sur son estomac et l'autre soutenant sa tête qui tournait.

– Max, je suis malade.

Le Canadien alluma la lampe à pétrole puis alla s'asseoir près de lui.

– Ce n'est rien, Simon, tu as seulement le mal de mer et c'est signe que nous voguons vers la Suède, vers la liberté. Accroche-toi, serre les dents, plus que quelques heures à tenir.

– Je crois que je vais mourir.

– Sûrement pas.

– Ça tourne et ça m'arrache, là.

– Je sais, mais bientôt tu vas pouvoir monter et prendre l'air, Peter te l'a promis.

L'Autrichien tint parole. Il bascula la planche, montra sa face mal rasée mais rayonnante.

– On est en plein dedans, dit-il tout joyeux, si vous voulez venir voir…

– Je suis malade, m'sieur. Max dit que j'ai le mal de mer.

– Cochonnerie ! Viens vite respirer un bon coup.

L'enfant grimpa jusqu'au sommet de l'échelle en se cramponnant aux montants tant il lui semblait que tout autour de lui dansait une ronde infernale. Lorsqu'il fut arrivé dans la pièce, le vieux Peter l'empoigna d'une main ferme et l'entraîna jusqu'au poste de pilotage. Une des vitres était ouverte et un air pur et frais pénétrait à flots à l'intérieur.

– Ici tu seras mieux.

– Merci, m'sieur.

– Et maintenant, respire un bon coup.

Simon s'assit sur la banquette près de la fenêtre et regarda au-dehors. Partout : la mer. Une mer verte et calme qui paraissait s'étirer aux premiers rayons du soleil. Il lui sembla qu'elle lui disait : « T'en fais pas, ça va aller et tu seras bientôt au pays de la vie et de la liberté. »

Max avait posé ses mains sur le gouvernail comme si c'était lui qui pilotait la belle péniche. Il regardait devant lui et il riait ! D'un rire intérieur et muet qui lui faisait une face épanouie et des yeux plus grands que jamais.

L'Autrichien revint de la cuisine-couchette, un morceau de sucre à la main et une bouteille de schnaps de l'autre. Il s'approcha de Simon.

– Et maintenant, ouvre le bec.

Il arrosa copieusement le morceau de sucre de son alcool préféré puis l'introduisit dans la bouche de l'enfant.

– Croque-moi ça, c'est le meilleur des remèdes.

Le petit fit la grimace.

– C'est fort !

– C'est justement pour ça que ça chasse le mal de mer.

Simon toussa, faillit s'étrangler mais avala le remède du vieux marin. Ce traitement de choc ajouté à celui plus doux de l'air de la mer fit qu'il se sentit rapidement mieux. Même, au bout d'un instant, il dit :

– Je boirais bien du café.

Et il ajouta aussitôt :

– Avec une tartine de confiture.

Max et Peter éclatèrent de rire. La partie était gagnée et la journée s'annonçait belle.

Ils arrivèrent en fin de journée à Trelleborg, joli petit port suédois. L'Autrichien leur fit attendre la nuit avant de les laisser sauter sur le quai.

– Comprenez-moi, dit-il, ici, il y a beaucoup d'Allemands et bien des gens au service des nazis. Il ne faut pas qu'on vous voie sortir car moi, je retourne à Berlin et j'aurai encore d'autres gars comme vous à faire passer.

Ils demeurèrent dans la cuisine-couchette, prêts à s'enfoncer à nouveau dans leur refuge en cas de visite inattendue. Il n'en fut rien. Impatients, ils virent descendre peu à peu l'obscurité sur la mer et s'allumer les lumières du port.

Quand le moment fut venu, le vieux Peter s'en alla nonchalamment franchir la passerelle qu'il avait installée, fit ensuite quelques pas de promenade puis s'en revint les deux mains dans les poches, et la pipe à la bouche.

– C'est bon, vous pouvez y aller.

Max lui serra chaleureusement les mains et Simon lui sauta au cou pour l'embrasser.

–Merci beaucoup, m'sieur Peter, j'oublierai jamais.

Quelques secondes plus tard, ils s'éclipsaient dans la nuit et parcouraient à grands pas les rues étroites de la ville.

–Max, où c'est qu'on va?

Il éclata de rire encore une fois.

–Tout droit au consulat américain.

~~Simon et Max furent~~

Willy les amena jusqu'à Berlin pr qu'ils embarquent sur une pèniche - La pèniche était belle mais l'endroit où il demeurait était sombre - (Peter = capitaine) -

Puis ils arrivèrent en Suède -

7

Dès qu'elle eut quitté Max et Simon, Frida courut à travers champs en direction de la ferme de ses parents. Elle ne faisait pas attention aux buissons qui cherchaient à l'accrocher au passage ni aux herbes hautes qui fouettaient ses jambes car elle ressentait une impression qu'elle ne parvenait pas à définir mais qui la dominait. C'était un mélange étrange de joie et de tristesse. De joie d'avoir accompli une bonne action, de tristesse comme celle que l'on éprouve après le départ d'un être cher. En revanche, nul remords d'avoir enfreint les directives nazies ne l'effleurait.

Un moment, elle s'arrêta et regarda le ciel. La lune, au sein de sa cour d'étoiles, paraissait lui sourire. « Mon Dieu, murmura-t-elle, j'ai bien fait, n'est-ce pas ? »

Son sommeil fut lourd mais réparateur. Lorsqu'elle fut levée, elle déjeuna d'un bon appétit et, quand elle but son bol de café au lait, elle remarqua comme jamais elle ne l'avait fait que son lait « sentait la vache ». La réflexion de Simon la fit sourire de nouveau.

Simon. Où était-il à cette heure ? Avait-il rejoint avec Max la fameuse filière qu'il évoquait « comme dans les livres » ? Ou bien... Elle était certaine, qu'en cas de mauvaise rencontre, il aurait réussi à se sauver dans la nuit. Débrouillard, le gamin.

Elle se souvint de sa promesse : chaque jour elle irait jusqu'à la cabane à foin pour voir s'il n'avait pas été obligé d'y revenir.

Vite, elle fit sa toilette, enfila une robe légère et partit. À sa mère, qui comprenait mal un tel empressement, elle lança :

– J'ai besoin de respirer un peur d'air frais avant qu'il ne fasse trop chaud.

Elle parvenait au petit chemin où la veille elle avait chassé les corbeaux quand elle aperçut « Cul-bas ». « Cul-bas », le *Schupo*. Une bouffée de chaleur lui monta à la tête. Lui pouvait avoir des nouvelles.

Il l'avait aperçue et l'attendait.

– Bonjour, Frida.

– Bonjour, monsieur Werner.

– En promenade ?

– Un peu. Et votre Américain ?

– Pas vu, Frida, envolé.

Elle ressentit une pointe de satisfaction.

– Dame, dit-elle, pour un aviateur, c'est un peu normal.

Il voulut bien rire tout en lissant ses longues moustaches.

Lorsqu'elle arriva près de la cabane, elle vit d'abord que du foin s'était répandu devant la porte. C'était sans doute quand elle s'était battue avec Max. Elle se souvint alors du coup de dents qu'elle lui avait donné et elle en rit de bon cœur. Une fille allemande, ça sait se défendre, pas vrai ?

Elle se dirigea aussitôt vers le côté droit de la construction et découvrit le passage que Simon avait laissé la veille parmi les herbes. Elle s'agenouilla.

– Simon, t'es là ?

Nulle réponse. Elle se coucha cependant à terre et regarda sous la baraque. Rien. Seulement de longues tiges de plantes blanchies par l'obscurité et des toiles d'araignées. Satisfaite, elle se releva puis épousseta sa robe. Peut-être qu'ils avaient eu la chance de ne rencontrer personne. Et de rejoindre le fameux contact. « La filière », disait Simon.

Tout près d'ici, songea-t-elle, jamais elle ne l'aurait cru.

Elle revint près de la porte et décida de ramasser le foin éparpillé sur le sol, qui prouvait trop le passage de quelqu'un. Il était préférable que le *Schupo* ne s'en aperçoive pas. Comme elle se baissait, elle découvrit la mèche de cheveux que le grand Noir lui avait coupée. Le salaud ! C'était vrai qu'elle avait eu peur à ce moment-là.

Elle la ramassa avec les brindilles de foin et alla jeter le tout dans la haie.

Elle eut alors envie de faire en sens inverse le chemin qu'elle avait parcouru en compagnie de Simon. Une sorte de pèlerinage, en somme. C'était un peu idiot, n'est-ce pas, d'être sensible. Sensible et émotive car elle sentait son cœur battre plus fort rien qu'à cette idée.

Et puis, zut ! pourquoi ne pousserait-elle pas jusqu'au *Schwarzen See* et n'essaierait-elle pas de retrouver l'endroit où elle avait découvert l'enfant qu'elle avait tout d'abord pris pour un cygne noir ?

Dès qu'elle se fut mise en route, elle ressentit un contentement l'envahir, une sorte de bonheur. Une joie qui lui était propre, qui serait son secret et qu'elle ne partagerait avec personne.

Elle marchait d'un bon pas. Malgré l'heure matinale, le soleil s'occupait déjà de montrer sa force et il faisait chaud. Heureusement qu'elle était vêtue de sa robe légère, celle qu'elle aimait le plus avec de jolis coquelicots rouges sur fond jaune. Elle leva les yeux au ciel et admira son bleu sans tache. Par ce temps, les avions des Alliés allaient sûrement venir faire un tour au-dessus de Berlin. D'où elle était, elle verrait leurs longues traînées blanches semblables à des coups de pinceaux.

Ce fut avec plaisir qu'elle arriva à la forêt et qu'elle s'engouffra dans la fraîcheur de son ombre. Tout à son idée, elle allait sans regarder autour d'elle, cherchant seulement à se remémorer l'endroit où elle avait caché, en compagnie de Simon, la veste de l'enfant et surtout son portefeuille.

Il y tenait beaucoup car il contenait pour lui de véritables reliques: la photographie de ses parents et la lettre de sa mère. Elle se souvenait combien il avait eu de chagrin à s'en séparer. Pour cette raison, elle avait décidé de récupérer ces pauvres souvenirs et de les cacher en un endroit où le temps ne les abîmerait pas.

Plus tard, quand la guerre serait finie et si la chance leur souriait à tous les deux, elle les lui remettrait quand il reviendrait la voir. Car elle était certaine qu'il reviendrait. Ne le lui avait-il pas promis ? Déjà, elle voyait l'événement et combien ils seraient heureux.

Elle ne s'aperçut pas que deux yeux l'avaient vue se diriger vers les grands arbres puis s'enfoncer dans le sous-bois. Ils l'avaient vue et s'étaient tout de suite mis à la suivre d'un regard intéressé. Ils appartenaient à Hans.

Depuis leur rencontre, le jeune homme avait ressenti plus profondément encore la blessure de sa chair. Il se savait mutilé et surtout défiguré pour le restant de ses jours, mais il ne pouvait s'empêcher de penser à la jeune fille. C'est pourquoi il était venu s'asseoir au sommet d'un monticule avec le secret espoir de la voir une autre fois.

Avant la guerre, ils dansaient ensemble, participaient à des manifestations sportives, se baignaient dans le *Schwarzen See* où ils engageaient des courses. Ciel, comme ils étaient heureux !

Mais où allait-elle donc d'un si bon pas ? Vers un rendez-vous amoureux ? C'était possible après tout, une si jolie fille. Il éprouverait sûrement beaucoup de peine mais il voulait savoir qui était l'heureux élu. Le connaissait-il ?

S'appuyant sur sa canne de son bras valide, il s'élança à travers bois.

Il la vit quitter le sentier, descendre vers le lac puis pénétrer parmi les roseaux et les hautes fougères. Tant bien que mal, s'efforçant surtout de ne pas faire de bruit, il s'engagea à son tour. Les plantes étaient plus hautes qu'elle mais il parvenait à la suivre grâce aux mouvements qu'elle créait en les écartant de la main.

Que pouvait-elle bien chercher ? Elle tournait en rond, hésitait, revenait sur ses pas. Il avait toutes les peines du monde à se dissimuler à sa vue.

Soudain, il vit qu'elle s'était arrêtée. Il s'approcha le plus doucement possible. Elle se baissait, elle se saisissait de fougères coupées mises en tas et les jetait autour d'elle. Elle gratta aussi la terre de ses doigts et extirpa un vêtement dans lequel elle s'empressa de fouiller.

Il décida d'intervenir :

– Alors, ma jolie, on cherche un trésor ?

Elle sursauta, poussa un cri de frayeur :

– Hans !

– Eh oui, c'est bien moi.

– Ciel, que tu m'as fait peur !

–Avec ma nouvelle gueule, ça ne m'étonne pas.

–Ce n'est pas ce que je voulais dire, mais tu es arrivé si brusquement. J'en ai le cœur qui cogne.

–Qu'est-ce que t'as trouvé là ?

Elle hésita, ne sachant quoi répondre.

–Un vieux blouson, tout simplement.

Il éclata de rire.

–Parce que, maintenant, tu fais dans la guenille.

Il le lui prit des mains et découvrit l'étoile jaune pas complètement décousue.

–Une veste de petit *Jude* !

À son tour, il fouilla dans la poche intérieure et sortit le portefeuille.

–C'était ça que tu voulais ?

–Oui, murmura-t-elle en baissant la tête.

De son unique main, il la lui releva et la regarda bien dans les yeux.

–Frida, c'est tout de même pas vrai ?

–Quoi donc ?

–Je te savais un peu nazie sur les bords mais pas à ce point.

Elle se sentit piquée au vif.

–Que veux-tu dire ?

– Que tu es venue pour t'emparer de la dépouille de ce gamin. Peut-être même qu'avec d'autres comme toi tu as participé à son élimination.

– Hans !

Elle bondit sur lui, le frappa à la poitrine de ses poings fermés puis s'effondra en sanglots.

– Oh, Hans ! comment peux-tu penser cela de moi ?

Ils s'assirent l'un près de l'autre sur ce qui restait du tas de fougères et elle lui raconta toute l'histoire. Quand il comprit ce qu'elle avait fait réellement, il l'attira contre sa poitrine.

– Maintenant, dit-il, te voici bonne pour la *Gestapo* et la prison à vie. Sauver un petit Juif et ne pas dénoncer un aviateur américain... Te rends-tu compte de ce que tu as fait ?

– Oui, et je ne le regrette pas.

Elle avait compris qu'il ne la condamnait pas, bien au contraire, mais que sa nature lui interdisait de le lui dire ouvertement.

– J'avais même pensé à toi pour m'aider à le sauver.

– Comment ça ?

– Tu aurais pu faire avec lui un voyage jusqu'en Suisse.

– Tiens donc ! Au fait, j'aurais sûrement accepté mais à une condition.

– Laquelle ?

– Que tu viennes avec moi. Toi, moi et le gosse, tout comme pour un voyage de noces. Hélas, Frida, puisque tu l'as confié à un Noir américain, il faudra que nous attendions une autre occasion. Cherche bien et, si tu trouves un second gamin en perdition, fais-moi signe. Avec toi et contre les nazis, je suis toujours partant.

Dans la collection MILAN POCHE
JUNIOR

1 • *Le Jobard* de Michel Piquemal
2 • *Histoires pressées* de Bernard Friot
3 • *Pour l'amour d'un cheval* d'Alim Hekmat
4 • *Rock'n Loup* d'Hervé Debry
5 • *Le 13* de Gérard Moncomble
6 • *La Nuit de la sorcière* d'Hélène Montardre
7 • *L'Heure de la momie* de Claudine Roland
8 • *Romain Gallo contre Charles Perrault* de Gérard Moncomble
9 • *Le Mouton Marcel* de Jean-Luc Coudray
10 • *Les Oiseaux du Mont Perdu* de Michel Cosem
11 • *Le Satellite venu d'ailleurs* de Christian Grenier
12 • *Les Neiges rebelles de l'Artigou* de Michel Cosem
13 • *Fabuleux Romain Gallo* de Gérard Moncomble
14 • *Objectif Terre !* de Robert Boudet
15 • *Au pied du mur* d'Hélène Montardre
16 • *Le Pionnier du Nouveau Monde* de Michel Piquemal
17 • *La Bague aux trois hermines* d'Évelyne Brisou-Pellen
18 • *Le Commando des Pièces-à-Trou* de Pierre Coran
19 • *L'Heure du rat* de Gérard Moncomble
20 • *Nouvelles histoires pressées* de Bernard Friot
21 • *Moi, Félix, 10 ans, sans-papiers* de Marc Cantin
22 • *Les Aventuriers des 18 mondes* de Béatrice Bottet
24 • *Le Masque de la Mort Rouge et autres histoires extraordinaires* d'Edgar Allan Poe
25 • *Hilaire, Hilarie et la gare de Saint-Hilaire* d'Hélène Montardre
26 • *Georges Bouton, explomigrateur* de Gérard Moncomble

27 • *Le Seigneur des neuf soleils* de Christian Grenier
28 • *Le Parfum de la dame en noir* de Gaston Leroux
29 • *Cache-cache avec la mort* de Michel Amelin
30 • *Zelna contre les vampires* de Stéphanie Benson
31 • *Mon premier Verlaine* de Paul Verlaine
32 • *Qui que quoi quand la poésie* de Jean-Hugues Malineau
33 • *La Dernière Nuit du loup-garou* de Marc Cantin
34 • *Le Secret du scarabée d'or* de Jackie Valabrègue
35 • *Les Aventures de Sherlock Holmes – Tome 1* d'Arthur C. Doyle
36 • *Enfer et couches-culottes* de Brigitte Richter
37 • *C'est bien* de Philippe Delerm
38 • *Encore des histoires pressées* de Bernard Friot
39 • *Le Secret de l'écrivain* de Roger Judenne
40 • *C'est toujours bien* de Philippe Delerm
41 • *La Cité barbare* de Gérard Moncomble
42 • *Clones en stock* de Pascale Maret
43 • *L'Enfant à l'étoile jaune* d'Armand Toupet
44 • *Jean de l'Ours* de Louis Espinassous
45 • *Un animal, des z'animots* de Jean-Pierre Andrevon
46 • *Le Mystère de la fille sans nom* de Marc Cantin
47 • *Les Aventures de Sherlock Holmes – Tome 2* d'Arthur C. Doyle
48 • *Mon premier Hugo* de Victor Hugo
49 • *La Fronde à bretelles* de Pierre Coran
50 • *J'ai sauvé le père Noël* d'Andreas Steinhöfel
51 • *Comment je suis devenu un fantôme* de Marie de Latude
52 • *Dans les bras du monstre* de Gérard Moncomble
53 • *Le Bûcher aux sorcières* d'Amélie Sarn-Cantin
54 • *Les vampires contre-attaquent* de Stéphanie Benson et Lisa Saby

55 • *Mauvaises fréquentations* d'Yves-Marie Clément
56 • *Ali Zaoua, prince de la rue* de Nathalie Saugeon
57 • *Les fils du diable* de Sylvie Bages
58 • *La Nuit des Pélicans* de Pierre Coran
59 • *Ce jeudi-là* d'Amélie Sarn-Cantin
60 • *Le Minus* d'Anne-Marie Desplat-Duc
61 • *Mon Premier Baudelaire* de Charles Baudelaire
62 • *Mission Toutankhamon* de Claudine Roland
63 • *Apprentie détective* de Françoise Jay d'Albon
64 • *Pressé, pressée* de Bernard Friot
65 • *Aliocha, cheval des steppes* de Jackie Valabrègue
66 • *La Menace* de Lucette Graas-Hoisnard
67 • *L'impossible mademoiselle Muche* de Christian Grenier
68 • *Les sept péchés du diable* d'Armand Toupet
69 • *Moi, Félix, 11 ans, Français de papier* de Marc Cantin
70 • *Mes premiers poètes* de Michel Piquemal
71 • *Esclave !* de Pascale Maret

Loi 49-956 du 16 juillet 1949
sur les publications destinées à la jeunesse

Achevé d'imprimer en France par France-Quercy, à Cahors
Dépôt légal : 2e trimestre 2003
N° d'impression : 31281